기독교문서선교회 (Christian Literature Center: 약칭 CLC)는 1941년 영국 콜체스터에서 켄 아담스에 의해 시작되었으며 국제 본부는 미국 필라델피아에 있습니다.
국제 CLC는 59개 나라에서 180개의 본부를 두고, 약 650여 명의 선교사들이 이동 도서차량 40대를 이용하여 문서 보급에 힘쓰고 있으며 이메일 주문을 통해 130여 국으로 책을 공급하고 있습니다. 한국 CLC는 청교도적 복음주의 신학과 신앙 서적을 출판하는 문서선교기관으로서, 한 영혼이라도 구원되길 소망하면서 주님이 오시는 그날까지 최선을 다할 것입니다.

Spurgeon On Persevering Through Trials

추천사

이승진 박사
합동신학대학원대학교 설교학 교수

하나님의 말씀을 설교하려는 사람이라면 "설교의 황태자", 찰스 해돈 스펄전의 설교집을 항상 가까이에 두고 틈틈이 읽는 것이 설교 실력 향상을 위한 최고의 지름길입니다. 정성국 교수님의 번역 작업으로 한국의 목회자와 신자들에게 소개되는 『찰스 해돈 스펄전의 시련과 인내 메시지』는 하나님의 말씀 설교를 준비하는 목회자들과 좀 더 주님과 가까이 동행하는 신앙생활을 원하는 신자들이라면 반드시 읽어 봐야 합니다. 그 이유는 두 가지입니다.

첫째, "설교의 황태자", 찰스 해돈 스펄전의 설교는 청중의 오감에 호소하는 센스 어필(sense appeal)이 탁월하기 때문입니다. 예를 들어, 기독교 신앙에 필수적으로 동반되는 시련과 연단에 관한 스펄전 목사님의 묘사는, 다른 어떤 설교자와 비교할 수 없을 정도로 강력한 호소력을 발휘합니다.

시련은 믿음의 필수 요소입니다. 믿음은 바위를 뚫고 나가는 다이아몬드입니다. 시련을 겪지 않는 믿음은 다듬어지지 않은 다이아몬드와 같습니다. 다이아몬드의 광채를 볼 수 없습니다. 시련을 겪지 않는 믿음은 아주 작은 믿음입니다.

어떤 사람은 이런 믿음은 믿음이 아니라고 생각합니다. 시련을 겪지 않는 믿음은 물이 없는 곳에 있는 물고기와 같고 하늘이 없는 곳에 있는 새와 같습니다. 믿음이 있다면 그 믿음이 시험을 받으리라고 예상해야 합니다.

둘째, 기독교 신앙에 필수적으로 동반되는 시련과 인내의 필연성을 성경 내러티브의 생생한 묘사로 청중의 마음속에 아주 실감나도록 구현하기 때문입니다.

스펄전 목사님은 다윗왕의 아들 압살롬이 요압 장군과의 면담을 성사시킬 목적으로 먼저 자기 종들을 시켜서 요압 장군의 밭에 불을 지르도록 한 사건(삼하 14:29-31)을 하나님께서 시련을 통해 신자들을 하나님 보좌 앞으로 이끄시는 섭리와 연결시켰습니다.

> 그(압살롬)는 종들에게 요압의 보리밭에 불을 지르라고 명했습니다. 그래서 요압은 분노하고 "당신의 종들이 어찌하여 내 밭에 불을 놓았습니까" 하고 묻습니다. 이것이 압살롬이 원한 전부였습니다. …
> 하나님은 우리가 그분께 가까이 나아가 그분의 손에서 복을 받기 원하시지만, 우리는 어리석고 마음이 냉담하고 사악하므로 가지 않을 것입니다. 하나님은 우리가 다른 어떤 방법으로도 오지 않을 것을 아시고 심각한 시련을 보내십니다. 하나님은 우리 보리밭에 불을 지르십니다. 하나님께 그럴 권리가 충분히 있습니다. 보리밭은 사실 우리 것이라기보다는 오히려 하나님의 것입니다.

스펄전의 설교문을 그의 설교단으로부터 신학교 강의실로 가져와서 설교 비평 수업 시간에 비판적으로 분석한다면, 스펄전의 해석은 본문의 의도에서 벗어난 자의적 해석이라거나 알레고리 해석으로 비판할 여지가 발견될 수 있습니다. 그러나 그의 설교문을 그의 설교단으로 다가가서 직접 경청하듯이 읽어 본다면, 제대로 된 신앙생활이라면 반드시 동반되는 시련과 연단의 필연성을 성경적 논증으로 설득하려는 스펄전 목사님의 간절한 심정을 충분히 공감할 수 있을 것입니다.

예수 그리스도 안에 있는 사랑하는 형제자매 여러분!

우리는 환난을 피할 수 없습니다. 다른 사람의 보리밭이 불타지 않으면 우리 밭이 불타게 될 것입니다. 아버지가 막대기를 사용할 다른 곳을 찾지 못하신다면, 아버지의 참자녀를 영리하게 만들기 위해 반드시 막대기를 사용하실 것입니다.

구주는 여러분에게 두 가지 유산을 남기셨습니다.

"세상에서는 너희가 환난을 당하나 담대하라 내가 세상을 이기었노라"

(요 16:33).

찰스 해돈 스펄전의
시련과 인내 메시지

Spurgeon on Persevering Through Trials
Written by Charles Haddon Spurgeon
Compiled by Jason K. Allen
Translated by Ulysses K. Jung

This book was first Published in the United States by Moody Publishers,
820 N. LaSalle Blvd., Chicago, IL 60610 with the title *Spurgeon on Persevering Through Trials*,
Copyright ⓒ 2022 by Jason K. Allen.
Translated by permission.
All rights reserved.

Korean Edition Copyright ⓒ 2024 by Christian Literature Center, Seoul, Korea.

찰스 해돈 스펄전의 **시련과 인내 메시지**

2024년 12월 12일 초판 발행

지 은 이	찰스 해돈 스펄전
엮 은 이	제이슨 K. 알렌
옮 긴 이	정성국
편 집	전희정
디 자 인	서민정
펴 낸 곳	(사)기독교문서선교회
등 록	제16-25호(1980. 1. 18.)
주 소	서울특별시 동대문구 천호대로 71길 39
전 화	02-586-8761~3(본사) 031-942-8761(영업부)
팩 스	02-523-0131(본사) 031-942-8763(영업부)
이 메 일	clckor@gmail.com
홈페이지	www.clcbook.com
송금계좌	기업은행 073-000308-04-020 (사)기독교문서선교회
일련번호	2024-124

ISBN 978-89-341-2764-2 (03230)

이 한국어판 저작권은 Moody Publishers와 독점 계약한 (사)기독교문서선교회가 소유합니다.
신저작권법에 의하여 한국 내에서 보호를 받는 저작물이므로 무단 전재와 무단 복제를 금합니다.

스펄전 메시지 시리즈 ⑫

찰스 해돈 스펄전의
시련과 인내 메시지

SPURGEON ON PERSEVERING THROUGH TRIALS

찰스 해돈 스펄전 지음
제이슨 K. 알렌 엮음
정 성 국 옮김

기독교문서선교회

깊은 감사의 마음을 담아
이 책을 빌 젠킨스(Bill Jenkins)와 코니 젠킨스(Connie Jenkins)에게 바칩니다.
하나님의 인자하신 섭리로 우리는 가족처럼 가까운 친구가 되었습니다.
하나님의 섭리 아래 미드웨스턴신학교(Midwestern Seminary)의
스펄전 도서관은 그들의 지원 때문에 지속할 수 있었습니다.

Spurgeon On Persevering Through Trials

도입

제이슨 K. 알렌 박사
Midwestern Baptist Theological Seminary 총장

위대한 찰스 스펄전을 매우 잘 아는 사람은 그를 멀리서 추종하는 사람들이 알지 못하는 것을 압니다. 19세기의 가장 위대한 설교자는 어른이 된 후 평생 우울증과 싸웠습니다. 정말입니다. 스펄전은 강단에서 최정상에 섰지만, 종종 그의 개인적 삶에서는 상상할 수 없을 정도로 침체했습니다.

무엇이 19세기의 가장 저명한 설교자를 우울증의 고통으로 이끌었나?

내적 및 유기적 요인이 있을 수 있습니다. 이 외에도 적어도 세 가지 중요한 외적 요인, 즉 만성 질환, 개인적 슬픔, 소명에 대한 어려움이 있었습니다.

스펄전은 평생 만성 질환을 겪었습니다. 19세기 의학의 한계는 그의 질병을 고칠 수 없었고, 결과적으로 그의 병은 계속 악화했습니다. 특히, 스펄전은 성인이 된 후 상당 기간 통풍과 브라이트병으로 고통받았습니다. 끊임없는 육체적 고통보다 영혼을 괴롭히는 시련은 거의 없습니다. 그러나 스펄전은 사역 기간을 포함해 그의 인생 전반에 걸쳐 이런 고통을 견뎌 냈습니다.

게다가 스펄전의 사랑하는 아내 수잔나 역시 건강 문제로 고통받았습니다. 그녀는 계속되는 부인병을 견뎌 내야 했습니다. 지속적인 부인과 질병 때문에 1860년대 후반에 큰 수술을 했는데, 그녀의 건강은 최악의 상태가 되었습니다. 스펄전은 이렇게 자기 건강 문제뿐만 아니라, 사랑하는 아내 수지가 질병으로 고통받는 것을 보며 그녀를 돌봐야 해서 더욱 힘들었습니다.

게다가 스펄전은 사역 초기, 서리가든뮤직홀(Surrey Gardens Music Hall)에서 발생한 재앙으로도 어려움을 겪었습니다. 이 홀의 수용 가능 인원은 만 명인데, 이 수를 훌쩍 뛰어넘는 사람들이 모여 있을 때 한 장난꾸러기가 소리쳤습니다.

"불이야!"

수많은 사람이 동시에 출입문으로 몰려들었고, 이 과정에서 여덟 명이 숨지고 수십 명이 중상을 입게 되었습니다. 스펄전은 그 비극에 너무 충격을 받아 깊은 우울증에 빠졌습니다. 급기야 그는 목회를 그만두려 했고 몇 주 동안 강단에 서지 못했습니다.

그리고 스펄전은 목회에 대한 소명을 놓고서도 깊은 고민에 빠졌습니다.

그러나 그는 믿음을 계속 지켜 냈습니다. 그는 교리를 확고히 옹호했습니다. 그것이 캠벨주의(Campbellism), 다윈주의(Darwinism), 알미니안주의(Arminianism), 독일 고등비평(German Higher Criticism)에 대한 것이든 그 외 어떤 것이든 간에 그는 항상 믿음을 굳건히 지켜 냈습니다. 이것은 하강 논쟁(Down-Grade Controversy)의 프리즘을 통해 더욱 명확해졌습니다. 이 논쟁으로 스펄전은 침례교 연합의 질책을 받아야 했습니다.

스펄전은 "설교의 왕"으로 인정받았지만, 원만하지 못한 대인 관계로 인해 (그리고 그것을 촉발한 교리적 타협) 다시 한번 깊은 우울증에 빠졌습니다.

이 책을 읽으면서 우울증은 아니더라도 낙담 가운데 있는 자신을 발견할 수도 있을 것입니다. 또는 스펄전과 비슷한 어려움을 겪는 사람을 알 수도 있을 것입니다. 독자는 이 책을 통해 스펄전이나 그의 설교가 아니라, 이 모든 것이 가리키는 구세주께 시선을 집중하기를 바랍니다.

그러면 당신이 지치고 힘들 때, 언젠가 스펄전이 했던 말이 떠오를 것입니다.

> 저는 자주 우울함을 느낍니다. 아마도 이 자리에 있는 그 누구보다도 더 그럴 것입니다. 이에 대한 치료책은 마음을 다해 주님을 신뢰하고, 평화롭게 하시는 예수님의 보혈의 능력과 내 죄를 없애기 위해 십자가에 죽으신 그분의 무한한 사랑을 새롭게 깨닫기 위해 노력하는 것입니다. 이보다 더 나은 방법은 찾지 못했습니다.

사랑하는 친구여!

이 책을 주의 깊게 읽고 그 안에 있는 영적 자양분을 깊이 묵상하십시오.

그리고 무엇보다 생명을 주시는 하나님의 말씀과 말씀 안에서 생명을 변화시키시는 구주 예수 그리스도로 당신의 마음이 강건하기를 바랍니다.

Spurgeon On Persevering Through Trials

역자서문

정성국 박사
횃불재단 TEDS KDMIN 프로그램 담당

    스펄전은 19세기 영국의 유명한 설교자로서 그의 설교는 당대의 문화를 넘어서 오늘날까지도 많은 사람에게 영향을 미칩니다. 특히, 이 책은 신앙적으로 깊이 있는 설교를 통해 현대인에게 큰 울림을 줄 뿐만 아니라 교리적 통찰력도 담고 있습니다.

    『찰스 해돈 스펄전의 시련과 인내 메시지』에서는 삶의 시련과 어려움을 어떻게 이겨 낼 수 있는지에 대한 스펄전의 깊은 통찰력과 지혜가 드러납니다. 그는 성경의 가르침을 근거로 믿음의 인내와 하나님의 약속에 대한 신뢰의 중요성을 강조하며, 모든 독자에게 지속적으로 영감과 힘을 주기 위해 그의 삶과 경험을 공유합니다. 어떤 종류의 시험과도 마주할 수 있는 능력을 강화하고, 하나님의 뜻을 따라 살 수 있는 굳건한 신앙의 기초를 마련하는 데 도움이 될 것입니다.

    스펄전의 설교는 그의 깊은 신앙과 통찰력을 바탕으로 우리가 삶의 갈등과 도전을 극복하며 하나님과의 교통을 더욱 깊이 있게 만드는 데 기여할 것입니다. 이 책이 독자에게 영적 성장과 신앙생활의 확신을 제공할 수 있기를 기대합니다.

Spurgeon On Persevering Through Trials

목차

추천사 **이승진 박사** | 합동신학대학원대학교 설교학 교수   1

도입 **제이슨 K. 알렌 박사** | Midwestern Baptist Theological Seminary 총장   9

역자 서문 **정성국 박사** | 횃불재단 TEDS KDMIN 프로그램 담당   12

제1장   믿음의 시련   14

제2장   모든 시련에 임하는 기쁨   35

제3장   현재 위기   57

제4장   고난에 처한 그리스도인   77

제5장   불타는 보리밭   99

제6장   역사상 가장 위대한 시련   121

제7장   연기 속의 가죽 부대   148

부록   찰스 해돈 스펄전의 생애와 설교   167

제1장

제목: 믿음의 시련

■ 본문: 베드로전서 1:7

■ 설교 요약

하나님이 선택하신 자에게 주신 믿음은 달콤하고 즐거움으로 가득하다. 믿음은 눈에 빛을, 마음에 희망을 준다. 그러나 그리스도인은 시련이 결코 없으리라고 생각해서는 안 된다. 그리스도인은 자신의 믿음이 하나님의 목적을 위해 다양한 방법으로 시험을 받을 것임을 알아야 한다.

■ 이 설교에서 기억할 만한 문구

"믿음은 하나님이 영원히 선택하셨다는 확실한 표시이고, 복 받은 상태의 표징이며, 영원한 천국의 맛보기입니다."

"시련을 예상해야 합니다. 시련은 믿음의 필수 요소입니다."

"우리 믿음의 시련은 전적으로 하나님의 손에 달려 있습니다."

Spurgeon On Persevering Through Trials

제1장
믿음의 시련

> 너희 믿음의 확실함은 불로 연단하여도 없어질 금보다 더 귀하여 예수 그리스도께서 나타나실 때에 칭찬과 영광과 존귀를 얻게 할 것이니라(벧전 1:7).

형제 여러분!

누구든지, '자신의 믿음'에 관해 진실하게 말할 수 있는 사람은 대단한 사람입니다. 이는 믿음이 하나님 은혜의 증표이기 때문입니다. 참된 믿음은 하나님 영의 역사하심으로 이루어집니다. 참믿음은 사람을 정화하고 고양하며, 하늘에서 옵니다. 그것은 인간의 삶에서 가꿀 수 있는 모든 것 중에서 가장 소중한 것입니다. 그것은 "보배로운 믿음"이고, "하나님이 택하신 자들의 믿음"이라고 불립니다.

믿음은 하나님이 영원히 선택하셨다는 확실한 표시이고, 복 받은 상태의 표징이며, 영원한 천국의 맛보기입니다. 그것은 새롭게 된 영혼의 눈, 거듭난 마음의 손, 새로 태어난 영의 입입니다. 그것은 영적 삶의 증거요, 거룩함의 근원이요, 기쁨의 기초요, 영광의 예언이요, 끝없는 지식의 여명입니다.

여러분에게 믿음이 있으면 온 천하를 가졌으나 믿음이 없는 자보다 훨씬 더 많은 것을 가졌습니다. 믿는 자는 만물을 소유합니다.

만물이 다 너희 것임이라(고전 3:21).

믿음은 아들 됨의 보증, 기업의 보증, 무한한 소유의 획득, 보이지 않는 것에 대한 인식입니다. 참나무가 도토리 속에 잠자듯 당신의 믿음 안에 영광이 있습니다. 믿음이 있다면 무엇을 더 구할 필요가 없습니다. 믿음은 더욱 자라고 믿음과 관련된 모든 약속을 여러분이 알고 깨닫게 됩니다. 시간 관계상 믿음의 능력과 특권과 소유물과 전망에 대해 다 이야기할 수 없습니다.

믿음이 있는 자는 복이 있나니 그가 하나님을 기쁘시게 함이요, 그는 거룩한 보좌 앞에서 의롭다 하심을 얻었고, 은혜의 보좌로 온전히 나아갈 수 있으며, 그리스도와 함께 영원히 왕 노릇 할 준비가 되어 있습니다.

지금까지 말한 모든 것은 괜찮습니다. 그러나 이후 겁쟁이에게는 다소 놀랍고 두려운 말이 등장합니다. '믿음의 시련'이라는 말이죠.

장미와 함께 자라는 가시를 보십시오.

이 거친 동반자가 없으면 향기로운 꽃을 모을 수 없습니다. 시련을 겪지 않고는 믿음을 소유할 수 없습니다. 믿음과 시련, 이 두 가지는 같이 갑니다.

제가 이 시간에 말하려는 것은 믿음의 시련에 관한 것입니다. 여러분이 믿음의 시련을 겪을 때, 지금 한 말이 여러분을 위로하기 바랍니다. 믿음을 키우며 시련 속에서도 보존하시고 온전케 하시는 성령님이 이 시간 우리의 생각을 도우시기를 바랍니다.

1. 믿음은 시험받을 것입니다

　믿음이 있지만, 현재 아무런 시련 없이 사는 사람이 있을 수 있습니다. 그러나 시련 없는 믿음으로 평생을 산 사람은 아무도 없습니다. 정말입니다. 그런 일은 절대로 없습니다. 믿음은 그 본질상 어느 정도 시련을 받을 수밖에 없습니다.

　저는 하나님의 약속을 믿습니다. 지금까지 저는 하나님 약속에 대한 믿음의 시련을 겪었습니다. 그 약속이 이루어지기를 기다려야만 했던 시험을 받았습니다. 약속에 대한 성취가 지체되는 동안에는 그 약속을 신뢰해야 하는 시험을 받았습니다. 그 약속이 이루어질 때까지 계속해서 기대하고 행동해야 하는 시험을 받았습니다.

　시험받지 않은 믿음이 과연 있을까요?

　그렇지 않다고 봅니다. 가장 행복하고 순조로운 삶을 상상해 보십시오. 그런 삶 가운데도 믿음의 시련이 있습니다. 약속을 믿고 그 약속의 성취를 위해 하나님께 기도하고 간구하는 데 믿음은 시험을 받습니다.

　믿음은 장난이 아닙니다. 믿음은 검입니다. 전시용 검이 아닙니다. 자르고 상처를 입히고 죽이는 진짜 검입니다. 그리고 그 검을 가진 자는 이곳과 천국 사이에서 전투가 벌어지고 있음을 압니다. 그 전투가 의미하는 바를 알죠. 믿음이란 바다를 항해하는 배와 같습니다. 부두에 묶여서 말라 썩어가는 배가 아닙니다.

　믿음의 은사는 믿음을 원할 것이고, 특정한 때와 장소에서 믿음을 요구할 것이며, 항상 믿음이 필요할 것이라는 암시입니다. 믿음 없이는 살 수 없습니다. 왜냐하면, "의인은 믿음으로 말미암아" 살기 때문입니다. 믿음은 우리의 삶이며, 따라서 우리는 항상 믿음이 필요합니다.

그리고 하나님이 큰 믿음을 주시면 큰 시련을 예상해야 합니다. 믿음이 자라는 만큼 더 많은 일을 해야 하고 더 많이 견뎌야 하기 때문입니다. 작은 배는 해안 가까이에 머물 수 있지만, 하나님이 여러분을 큰 배로 만드셨다면 큰 파도를 견뎌야 합니다.

그 무엇도 헛되게 만들지 않으신 하나님은 특히 영적 왕국에서는 더더욱 그 무엇도 헛되게 만들지 않으십니다. 그리고 하나님이 믿음을 만드신다면, 그것은 최대한으로 사용해야 하고 충분히 사용하도록 하는 계획을 세우고 만드십니다.

시련을 예상해야 합니다. 시련은 믿음의 필수 요소입니다. 믿음은 바위를 뚫고 나가는 다이아몬드입니다. 시련을 겪지 않는 믿음은 다듬어지지 않은 다이아몬드와 같습니다. 다이아몬드의 광채를 볼 수 없습니다. 시련을 겪지 않는 믿음은 아주 작은 믿음입니다.

어떤 사람은 이런 믿음은 믿음이 아니라고 생각합니다. 시련을 겪지 않는 믿음은 물이 없는 곳에 있는 물고기와 같고 하늘이 없는 곳에 있는 새와 같습니다. 믿음이 있다면 그 믿음이 시험을 받으리라고 예상해야 합니다. 보물을 지키는 위대하신 분은 시련을 겪지 않은 돈은 자기 금고에 넣지 않으실 것입니다. 신앙과 삶의 본질도 그렇습니다. 죽을 정도로 힘든 시련을 겪지 않은 믿음은 발전하지 않습니다.

실로 믿음에 시련이 임하는 것을 영예로 여겨야 합니다.

누군가 "나는 믿음이 있지만 어려움을 겪지 않았습니다"라고 말한다면 어떨까요?

당신에게 믿음이 있는지 어떻게 알 수 있을까요?

"저는 하나님에 대한 큰 믿음이 있지만, 그 믿음을 일상생활에서는 사용해 본 적이 없습니다. 일상생활에서는 믿음이 있건 없건 큰 상관이 없습니다" 라고 말할 수 있는 사람이 있을까요?

이런 자세가 믿음을 귀하게 여길 수 있을까요?

이런 믿음이 하나님께 영광을 돌리거나 당신에게 큰 상을 줄 수 있다고 생각하십니까?

만약 그렇다면 당신은 큰 착각을 하고 있습니다.

아브라함이 갈대아 우르를 떠나지 않고 거기에서 친구들과 삶을 즐기고 살았다면, 그의 믿음이 성장했을까요?

그는 자기 고향을 떠나 한 번도 본 적 없는 땅으로 갔습니다. 그곳에서 나그네로 천막에서 살며 하나님과 동행했습니다.

하나님의 이 부르심에 순종함으로 그의 믿음은 두드러지기 시작했습니다.

용감하게 자기를 부인하는 행동을 하지 않았다면 그의 믿음이 영예를 얻을 수 있었을까요?

그는 늙어서 육신에 소망이 없었지만, 하나님은 약속대로 늙은 자기 아내 사라를 통해 후사를 주시리라고 믿었습니다.

이런 믿음이 없었다면 그가 "믿음의 조상"이라는 영예를 가질 수 있었을까요?

그는 믿음으로 하나님께는 능치 못한 일이 없다고 느낄 수 있었습니다.

만약 아브라함이 젊었을 때 이삭을 낳았다면, 그의 믿음이 이렇게 부각될 수 있었을까요?

그리고 이삭을 희생 제물로 바치라는 가혹한 시험이 임했을 때, 그의 믿음은 증명되었습니다. 그는 칭찬받고, 영예를 얻을 수 있었습니다. 그때 주님은

"이제 내가 아노라"라고 말씀하셨습니다. 아브라함이 약속을 믿지 않은 나약함을 보이지 않았을 때, 그의 믿음은 가장 확실한 방법으로 증명되었습니다. 하나님도 이를 인정하셨습니다.

그는 하나님이 원하시면 이삭을 죽은 자 가운데서 다시 살리시리라 생각했습니다. 그러나 최고의 명령에 순종하고 거짓말할 수 없으신 하나님께 모든 결과를 맡기는 것은 그의 몫이었습니다. 여기에서 그의 믿음은 큰 명성을 얻었고 그는 "믿음의 조상"이 되었습니다. 왜냐하면, 그는 믿는 사람 중 가장 시련을 많이 받았지만, 하나님을 어린아이처럼 믿음으로 그들 모두를 능가했기 때문입니다.

또한, 믿음이 시련받은 이유는 두 가지가 있습니다.

첫째, 신실함을 증명하기 위해입니다.

믿음으로 시련을 이기지 못한다면 무슨 소용이 있을까요?

용광로에서 녹는 금은 시장에서 유통되는 금이 아닙니다. 시련을 겪지 않고 바로 사라지는 믿음은 믿음이 아닙니다.

그런 믿음이 죽음의 날과 심판의 날에 무슨 소용이 있겠습니까?

소용없지요. 믿음이 시험을 받기 전에는 그 믿음이 참된 믿음인지 확신할 수 없습니다.

믿음이 얼마나 강한지 알기 위해서도 시험해야 합니다. 때때로 우리는 믿음이 약한데도 강하다고 착각할 때가 있습니다.

믿음을 시험하기 전까지 그 믿음이 강한지 약한지 어떻게 안단 말입니까?

항상 침대에 누워 있으면서도 자신이 매우 강하다고 생각하는 사람은 크게 착각하는 것입니다. 근력을 직접 시험해 봐야지 진짜로 강한지 약한지 알 수 있습니다.

하나님은 우리가 자신에 대해 잘못 평가하는 것을 원치 않으실 것입니다. 우리가 사실은 아무것도 없으면서 부자라고 말하고 재산이 계속 늘고 있다고 허풍 떤다면 하나님은 이런 우리를 못마땅하게 여기실 것입니다. 그러므로 하나님은 우리 믿음이 얼마나 강한지 또는 얼마나 약한지 우리가 발견하도록 믿음의 시련이라는 것을 보내십니다.

둘째, 불순물을 제거하기 위해서는 믿음의 시련이 필요합니다.

가장 순수한 은혜에도 추잡한 물질이 상당히 축적되어 있습니다. 우리는 은혜의 진정한 가치보다는 그 양에 더 매료되는 경향이 있습니다. 우리는 양을 질로 착각합니다. 기독교 경험, 지식, 열정, 그리고 인내심을 많이 소유할 때 은혜받았다고 착각합니다. 실상은 그렇지 않음에도 말입니다. 그래서 불은 거세지고 덩어리는 예전보다 작아져야 합니다.

손해 본 것이 있습니까?

그렇지 않습니다. 금은 불순물이 빠져나간다고 해서 그 가치가 낮아지지 않습니다. 마찬가지로 믿음도 겉으로 보이는 허세가 제거되어도 작아지지 않습니다. 잃는 것 같지만, 실제로는 얻습니다. 작아진 것 같지만, 실제로는 커집니다. 진정한 가치가 있는 것은 모두 믿음 안에 남아 있습니다.

이제 알곡과 쭉정이를 구분할 수 있습니다. 왜냐하면, 여러분을 실패하게 한 것이 진정한 믿음이었다면, 어떤 시련도 그 믿음을 앗아 갈 수 없기 때문입니다. 컵 위에 있는 거품을 모두 잃어버렸지만, 정말로 가치가 있는 것은 전부 컵 안에 여전히 있습니다.

그러므로 여러 가지 이유로 인해 시련은 필요합니다. 베드로는 필요하다면 믿음의 시련이 있어야 한다고 말합니다. 하나님은 그분의 지혜로 믿음에 필요한 것을 주시기 때문에 여러분은 시련을 겪게 될 것입니다. 시련을 겪는 것을 두려워하지 마십시오. 시험이 바로 지금 오지 않더라도 초조해하지 마십시오. 지금 잠시 아무 일 없다고 해서 불안할 필요 없습니다. 왜냐하면, 서리와 폭풍을 경험할 겨울이 되기까지는 아직 많은 달이 남아 있기 때문입니다.

믿음의 시련은 모든 사람에게 같은 방식으로 닥치지 않습니다. 하나님과의 교통에서 날마다 믿음이 시험을 받는 사람이 있습니다. 그들은 이렇게 기도합니다.

"오, 하나님!

저를 살피사 제 마음을 보시며, 저를 시험하사 제 염려를 아시고 제게 무슨 악한 행위가 있나 보소서. 저를 영원한 길로 인도하소서."

그들은 이런 기도를 끊임없이 합니다. 주님은 이들을 찾아와 주시고, 오셔서 그들을 시험하십니다. 제 말을 믿으십시오. 하나님이 우리 영혼에 가까이 하시는 것보다 더 확실한 시련은 없습니다. 하나님을 떠나면 마음에 거짓과 허세가 생겨서, 신령한 은사와 은혜가 충만한 줄로 착각합니다. 그러나 하나님께 가까이 나아가면 이런 망상에서 벗어날 수 있습니다.

주님이 어떤 분인지 기억하십시오.

우리 하나님은 소멸하는 불이십니다!

하나님의 백성이 그분 안에 거할 때, 하나님의 임재는 그들 안에 있는 죄에 대한 사랑, 그들의 모든 허식적 은총과 허구적 성취를 삼키므로 거짓은 사라지고 진실만이 살아남습니다. 완전한 거룩함의 임재는 헛된 자랑과 공허한 가식을 죽입니다. 하나님이 섭리로 보내는 다양한 형태의 시련을 달라고 구할 필요는 없습니다. 하나님의 임재에 만족할 수 있습니다. 연단하는 자의 불 같고 충만케 하는 자의 재산 같을 분은 주님 자신이십니다.

누가 주님의 재림의 날을 견뎌 낼 수 있겠습니까?

거룩함을 사랑하는 자가 그것을 피하고 싶겠습니까?

이 세상의 추악함이 사라질 때까지 삼키는 불꽃이 저를 계속 지나가게 하소서.

모세가 불타는 떨기나무에서 하나님을 보았을 때, 곧 신발을 벗은 것처럼, 우리의 신실함을 하나님이 받아들여 하나님 앞에 설 수 있다면 우리는 쓸데없는 헛된 영적 경험을 벗어 버리고 순전한 진리로 나아갈 것입니다. 그러므로 믿음에는 끊임없는 시련이 있습니다. 이는 가장 큰 기쁨과 영광, 즉 우리가 주님을 보게 하는 그 능력에서도 마찬가지입니다.

그러나 주님은 그분의 종들에게 다른 방법을 사용하십니다. 주님은 보내주신 복을 사용하여 우리를 시험하십니다.

사람이 부자로 살 때는 믿음의 시련이 숨겨져 있습니다!

이는 가장 가혹한 섭리의 시험 중 하나입니다. 한 사람이 가난으로 실패한다면, 오십 명은 부로 인해 실패합니다. 여러분이 오랫동안 번영할 때, 친구들을 불러서 잘 인내할 수 있도록 기도해 달라고 특별히 부탁해야 합니다. 물질에 집착하지 않는다면 해를 당하지 않을 것입니다. 그러나 물질에는 덫이 있습니다.

재물이 없다면 일상생활에서 시험을 당할 수 있습니다. 안락한 가정, 사랑하는 아내, 사랑하는 자녀, 이 모든 것이 당신의 믿음을 시험할 것입니다. 믿음에서 벗어나 보이는 것을 택하도록 유혹할 것입니다. 그리고 계속되는 건강, 우울하지 않은 영혼, 곁에 오랫동안 있어 주는 친구와 친척들은 당신을 자만하게 하고 하나님으로부터 멀어지게 할 수 있습니다.

눈에 보이는 것이 많고 그것을 의지할 수 있을 때 믿음은 큰 시험을 받습니다. 모든 것이 어둠 속에 있을 때, 믿음에는 참으로 좋습니다. 왜냐하면, 당신이 보는 것은 육신의 것이 아니라, 영적 믿음으로 보는 비전이기 때문입니다. 하늘 아래 살 때 많은 시련을 겪지만, 이 세상의 빛을 계속 받는 것에 비하면 아무것도 아닙니다. 우리는 육신에 위안을 주는 빛을 하나님의 빛으로 착각하기 쉽기 때문에 그것 없이 어떻게든 지내보는 것이 좋습니다.

시련은 칭찬에서 비롯되기도 합니다. 솔로몬이 말합니다.

> 도가니로 은을, 풀무로 금을, 칭찬으로 사람을 단련하느니라(잠 27:21).

목사는 매우 열성적으로 계속 설교할 수 있습니다. 모든 사람이 그를 반대하더라도 하나님은 그를 도우실 것입니다. 그러나 세상 모든 사람이 와서 그의 등을 두드릴 때, 교만함은 그의 귀에 속삭입니다.

"당신은 훌륭한 목사입니다. 당신은 위대한 사람입니다."

그러면 시험이 옵니다.

이렇게 열정적 축하에 휩싸이지 않을 사람은 몇이나 될까요?

이런 분위기는 위험할 정도로 영의 긴장을 풉니다. 그렇습니다. 하나님의 전능하신 은혜가 그의 믿음을 지탱해 주지 않는 한, 아무도 이런 상황에서 자신을 지킬 수 없습니다.

부드러운 바람이 불면 "이제 사람들의 귀를 간지럽히는 교리를 전파하라"는 유혹이 따라옵니다. 그리고 당신이 "사탄아, 내 뒤로 물러 가라 … 네가 하나님의 일을 생각하지 아니하고 도리어 사람의 일을 생각하는도다"라고 말하지 않은 한, 그런 믿음의 시련은 당신에게 너무 가혹할 수 있습니다.

당신의 재능과 온화한 성품 때문에 당신은 경건하지 않은 사람들에게 큰 사랑을 받는 사람이 될 수 있으며, 그것은 하나님 자녀의 믿음에 대한 강렬한 시련을 의미합니다. 세상을 좋아하는 행동은 사도 시대에도 그랬던 것처럼 하나님과 적대 관계를 형성하게 합니다. 왕의 신하가 자기 왕의 적에게 큰 호의를 베푸는 것은 악한 일입니다.

하나님의 종으로서 자신의 신분을 확실하게 하십시오. 그리고 당신이 어떤 곳에서 무슨 일을 하든지, 당신의 기분이 좋든지 상하든지, 하나님을 섬기는 일을 최고의 것으로 여기십시오.

이런 믿음의 시련에서 살아남는다면 당신은 행복할 것입니다!

또 다른 믿음의 시련은 오늘날 매우 흔하고 위험한 것입니다. 바로 이단 교리와 거짓 가르침입니다. 어떤 사람은 이단 교리에 끌려가고, 또 어떤 사람은 거짓 가르침에 끌려갑니다.

그리스도 안에서 실족하지 아니하는 자는 복이 있습니다. 왜냐하면, 그리스도의 십자가는 당연히 사람들의 마음에 불쾌감을 주기 때문입니다. 복음 자체에서, 참으로 복음의 깊이와 폭에서 나오는 유혹이 있습니다.

성경을 읽을 때 믿음의 시련이 있습니다. 이해할 수 없는 교리를 접하고, 그것을 이해할 수 없기 때문에 받아들이지 않으려는 유혹을 받습니다. 또는, 진리가 딱딱해 보이고 사랑스럽지 않은 방식으로 당신에게 전달되면 자연스럽게 우러나오는 감정은 그것에 대한 저항입니다. 이것이 믿음의 시련입니다.

우리 주 예수님도 이런저런 일로 상당히 많은 제자를 잃으셨습니다. 주님이 자기 살을 먹고 피를 마시는 것에 관한 교리를 가르치셨을 때, 많은 사람이 돌아가서 다시는 예수님을 찾아오지 않았습니다. 결국, 열두 제자만 남았습니다. 주님은 이들에게 말씀하셨습니다.

"너희도 떠나고자 하느냐?"

우리의 무지나 편견으로 인해 진리가 항상 환영받지는 않습니다. 그래서 믿음의 시련이 있는 것입니다.

우리는 우리 자신을 믿을 것인가, 아니면 하나님을 믿을 것인가?

하나님의 진리를 믿기 원하는가, 아니면 우리의 입맛에 맞는 하나님의 말씀만 받아들이려 하는가?

설교자가 우리가 선택한 곡을 연주하고 우리의 생각을 대변해 주기를 기대하는가?

사랑하는 여러분!

때로는 쓴소리가 우리에게 유익합니다. 달콤한 포도주가 아니라 쓴 약과 같은 말씀으로 올 때 우리에게 좋습니다. 하나님의 진리 편에 있으면, 우리는 참되고, 하나님의 진리를 거스르면 우리는 거짓됩니다. 성경 말씀을 바꿀 수는 없습니다. 우리의 마음이 바뀌어야 합니다.

그러나 믿음의 시련은 대개 고난의 형태로 옵니다. 질투하시는 하나님은 우리의 마음이 어디에 있는지 알기 위해 우리를 시험하십니다. 그러므로 믿음의 시련은 옵니다. 여러분은 말합니다.

"주 예수님, 저는 주님을 사랑합니다. 주님은 제가 가장 사랑하는 분입니다."

하늘 아버지가 말씀하십니다.

"그렇다면 네 품에 안긴 아이가 병들어 죽을 것이다. 그럼 너는 어떻게 할 것이냐?"

만일 예수님을 최고로 사랑한다고 말했던 당신의 말이 진실이라면, 하나님이 당신의 아이를 부르실 때 그를 포기할 것입니다. 주님은 우리의 사랑을 놓고서 질투하십니다. 여러분 모두에게 그렇게 대하신다는 뜻은 아닙니다. 저는 그분의 백성에 관해 말합니다.

하나님은 우리를 더 사랑하실수록 더 많이 우리를 시험하십니다. 가엾은 피조물인 우리에게 행한 것이 무엇이든지 예수님께도 행하셨습니다. 하나님의 사랑은 질투와 함께 가고, 하나님의 질투는 사랑과 함께 갑니다.

저의 주님은 때때로 이런 식으로 저에게 오십니다.

주님은 말씀하십니다.

"내가 이 오랜 세월 동안 네가 나를 믿게 했노라. 나는 너그러운 친구들을 통해 네가 필요한 것을 공급했다. 나는 이제 그들이 더 돕지 않게 하겠다."

친구 묘소에 가는데 불현듯 이런 생각이 저를 괴롭혔습니다.

"그동안 지원했던 사랑하는 친구들이 모두 죽으면, 보육원과 대학을 누가 지원할 것인가?

그래도 하나님을 믿을 수 있을까?"

여호와의 이름을 찬송하리로다!

이런 불 같은 시험도 전혀 저를 흔들 수 없었습니다. 저는 누구를 믿는지 압니다. 여러분이 한번 믿음의 길을 걸으면, 여러분이 진정 주님을 신뢰하는지, 아니면 말로만 신뢰하는지 알아보기 위해, 종종 이런 식으로 여러분을 시험하실 것입니다.

세상에서 의지했던 것이 다 무너진다면, 여러분은 홀로 견딜 수 있겠습니까?

하나님은 여러분에게 지금까지 말한 시련을 보내지 않을 수도 있으십니다. 그러나 하나님은 여러분의 믿음이 참인지 거짓인지, 진짜로 영적 세계에 들어갔는지 아니면 꿈만 꾸었는지 알 수 있도록 충분한 시련을 보내 주실 것입니다. 제 말을 믿으십시오. 다이아몬드와 보통 돌 사이에는 큰 차이가 있으며 주님은 결국 실수하지 않으십니다.

2. 믿음은 개별적으로 시험받을 것입니다

믿음의 시련을 혼자 당할 때 별로 유쾌하지 않습니다. 자신이 시련을 겪고, 특히 믿음이 시련을 겪을 때 무척 힘듭니다. 여러분은 아마도 극심한 시련을 겪지는 않았을 것입니다. 그리고 그러고 싶지도 않을 것입니다.

시련을 구하지 마십시오. 아이들이 때려 달라고 요청하거나, 성도가 시험을 달라고 기도해서는 안 됩니다. 여러분이 먹어야 할 작은 책이 있으니 그것이 입에는 쓰나 배에는 달게 될 것입니다. 곧 믿음의 시련입니다.

주 예수 그리스도는 당신 백성의 믿음의 시련을 통해 영광을 받으셨습니다. 그분은 당신의 믿음의 시련으로 영광을 받아야 합니다.

사랑하는 형제 여러분!

여러분은 너무 평범한 사람입니다.

사랑하는 자매 여러분!

여러분에게는 특별한 재능이 거의 없습니다. 그런데도 특정한 형태와 종류의 시련은 다른 누구에게가 아닌 여러분에게 닥칠 것입니다. 그것을 안다면 불평하지 마십시오. 삶의 시련과 믿음의 시련을 겪을 때 하나님 가족의 반열에 들어오기 때문입니다.

아버지가 징계하지 않는 아들이 어디 있겠습니까. 당신은 단지 가족의 가장으로 여김을 받을 것입니다. 가족의 위대한 아버지는 우리 모두에게 필요한 것을 압니다.

하나님께는 죄가 없는 한 아들이 있지만, 시련을 겪지 않은 아들은 없습니다. 그리고 우리 모두를 이 세상에서 데려가실 때까지 그런 자녀는 절대로 없을 것입니다. 사실 이런 시련은 우리가 계속해서 선을 이루게 하는 수단이기 때문에 무척 좋은 것입니다.

그러나 그렇지 않다면 저는 누구고, 여러분은 누구이길래 애지중지한단 말입니까?

하나님이 우리를 유리 상자에 넣어 선택하신 모든 백성이 받는 공통적인 시련으로부터 우리를 보호해 주시겠습니까?

저는 그렇게 해 달라고 구하지 않습니다. 모든 주님의 백성처럼 저도 시련을 겪겠습니다. 믿음의 시련은 모두 우리 자신의 것이지만, 시련을 통해 모든 하나님의 자녀와 교통합니다.

3. 믿음은 신랄하게 시험받을 것입니다

하나님의 시험은 어린아이의 장난이 아닙니다. 우리의 믿음은 장사꾼이 위조지폐인지 아닌지 의심하는 정도의 것을 넘어 불로 시험을 받습니다. "너를 고난의 풀무 불에서 택했노라"고 기록되어 있습니다. 환난이 타격하는 강도는 장난이 아닙니다. 어떤 사람은 거의 죽을 뻔한 경지에 이를 정도로 무섭고 진지하게 다가옵니다.

주님은 우리 믿음의 생명도 시험하십니다. 그것의 아름다움과 힘만이 아니라 그 존재 자체를 시험합니다. 쇠는 영혼에 들어갑니다. 좋은 약은 배의 가장 안쪽 부분까지 치료합니다. 진짜 자아는 시련을 견디며 만들어집니다. 시련을 겪는다는 것은 말이 쉽지, 절대로 그렇게 간단한 문제가 아닙니다.

4. 믿음은 유용한 목적을 위해 시험받을 것입니다

믿음의 시련은 여러분의 믿음을 증가시키고 발전시키고 심화시키며 강화할 것입니다. 여러분은 말했습니다.

"오, 저에게 더 큰 믿음이 있으면 좋겠습니다."

여러분의 기도는 여러분이 더 많은 시련을 겪으면서 응답될 것입니다.

우리는 기도할 때 종종 휘장 안을 들여다볼 수 있는 더 강한 믿음을 구해 왔습니다. 더 강한 믿음으로 가는 길은 대개 슬픔의 험난한 길과 같이 있습니다. 믿음이 단련받을 때만 확증될 것입니다.

하나님의 모든 백성이 저와 같은 경험을 한 지 안 한 지 모르겠지만, 슬픔과 고통과 비탄을 통해 제가 받은 유익은 가히 헤아릴 수 없습니다.

망치와 모루와 불에 제가 빚지지 않은 것은 무엇입니까?

도가니와 용광로와 숯을 부수는 풀무와 저를 뜨거운 곳으로 몰아붙이신 손에 제가 빚지지 않은 것은 무엇입니까?

고통은 목사의 도서관에 있는 최고의 책입니다. 환난은 인내를, 인내는 경험을, 경험은 희망을 낳기 때문에 우리는 환난을 무척 기뻐할 수 있습니다. 그렇게 함으로써 우리는 극도로 부요해지고 우리의 믿음은 강해집니다.

우리 믿음의 시련은 믿음을 강화할 뿐만 아니라 우리 자신에 대한 믿음을 발견하게 하므로 유용합니다. 환난이 영혼에 들어와 교란을 일으켜 우리의 평화를 깨뜨릴 때 은총이 증가합니다. 믿음은 보이지 않는 곳에서 나오고 사랑은 은밀한 곳에서 뛰쳐나옵니다.

우리가 번영할 때, 종종 믿음은 보이지 않습니다. 그러나 역경이 올 때 시련이라는 겨울은 그 가지를 드러내고 우리는 즉시 우리의 믿음을 발견합니다. 믿음이 우리의 품성에 미치는 영향을 느끼기 때문에 이제는 믿음이 있음을 확인합니다. 그러므로 믿음이 시험을 받을 때, 크나큰 자비도 함께 받습니다. 그리하여 당신이 참된 신자라는 것을 의심의 여지 없이 확신할 수 있습니다.

믿음에 대한 이 시련은 우리와 같은 그리스도인에게 유익합니다. 그들은 우리가 어떻게 도움을 받는지 보고, 그들도 시련이 생겼을 때 그 시련을 견디는 법을 배웁니다. 우리는, 다른 사람들이 시련을 겪을 때 그리스도를 믿고 용감하게 견디는 것을 보고 배울 때, 담대해질 수 있습니다.

눈먼 성도가 그렇게 행복한 것을 볼 때, 우리의 슬픔조차도 부끄럽습니다. 노역장에서 노동하는 수감자가 만족하는 것을 볼 때 우리는 감사하지 않을 수 없습니다. 고통받는 사람은 우리의 교사입니다. 그들은 우리를 천국으로 인도하는 우리의 교사입니다. 하나님의 사람이 고난을 겪고 가난과 사별과 질병을 겪음에도 여전히 하나님 안에서 기뻐할 때, 우리는 더 숭고하고 더 그리스도적인 삶을 사는 방법을 배웁니다

패트릭 해밀턴이 스코틀랜드에서 화형당했을 때 그를 박해하는 자들을 향해 어떤 사람이 말했습니다.

> 앞으로 또 어떤 사람을 화형시키려면, 아무도 안 보는 지하실에서 하는 편이 낫다. 왜냐하면, 해밀턴을 태우는 연기가 다른 수백 명의 눈을 뜨게 했기 때문이다.

항상 그래왔습니다. 고난 가운데 있는 성도는 살아 있는 씨앗입니다.

오, 하나님이 우리에게 그런 믿음을 주셔서 우리가 삶에서 고난을 받거나 죽을 때 다른 사람들이 주님을 믿도록 해 주셔서 우리가 하나님께 영광을 돌릴 수 있기를 바랍니다!

믿음으로 설교하기를 바랍니다.

믿음의 설교는 말로 하는 설교보다 더 낫습니다.

5. 일부는 특별한 시련을 받습니다

어떤 사람은 다른 사람보다 더 많은 시험을 받는데, 이는 하나님께서 그들에게 큰 은혜를 베푸셨기 때문입니다. 하나님은 많은 사람을 충분하게 채찍질하지 않으시는데, 이는 그들을 그만큼 사랑하지 않기 때문입니다. 그들은 마귀의 자녀이며 하늘 아버지께서는 그들을 괴롭히지 않으십니다. 그들은 그분의 것이 아니므로 그분은 그들이 행복한 삶을 살게 하시고 어쩌면 쉬운 죽음을 맞이하게 하십니다.

우리는 그들을 불쌍히 여겨야 하고 시기해서는 안 됩니다. 지금 웃고 있는 자에게 화가 있습니다. 나중에 울 것이기 때문입니다. 이 땅에서 분깃이 있는 자에게 화가 있습니다. 오는 세상에서 병들 것이기 때문입니다. 하나님의 자녀는 사랑을 많이 받기 때문에 징계받는 경우가 많습니다. 사람은 가장 소중한 것에 가장 큰 어려움을 겪습니다. 평범한 조약돌은 가만히 두지만, 다이아몬드는 그 광채를 뿜을 때까지 깎습니다.

어떤 사람은 특정 시험에 매우 적합하기 때문에 믿음의 시험을 받습니다. 하나님은 특정한 시험의 짐을 질 수 있는 사람에게 그 짐을 주십니다. 하나님은 의도적으로 그런 시험을 만드십니다. 그래서 "그리스도의 남은 고난을 그의 몸된 교회를 위해 내 육체에 채우노라"는 고백이 나오도록 말입니다.

큰 무게를 견디기 위해서는 강한 기둥이 필요합니다. 그래서 하나님은 하나님의 영광을 위해 큰 환난을 겪을 수 있도록 그리스도인을 강하게 하십니다. 하나님은 또한 하나님을 특별한 방법으로 섬기도록 하기 위해 어떤 사람에게는 그렇게 하십니다.

주님을 특별한 방법으로 섬긴다는 것은 얼마나 영광스러운 일입니까?

여러분이 용감하게 고난을 견디면 더 큰 고난을 견디는 영예를 얻게 될 것입니다.

모든 군인은 복무의 기회를 구하지 않습니까?

지휘관이 자기 휘하에 있는 어떤 병사에 대해 이렇게 말합니다.

"나는 그를 보내지 않겠다. 그는 연약하고 마음이 약하다. 저기에 있는 베테랑을 보내겠다."

폭신한 침대 위에 누워서 천국에 갈 기회를 얻었다고 해서 영광을 받겠다고 생각하지 마십시오. 피땀 흘리고 여기저기 찢긴 상처를 짊어지고 고통받으며 주님과 함께 갈 때 진정한 영예를 얻습니다. 성도는 이 땅에서 "많은 슬픔과 많은 눈물"로 장식되는 것 자체가 상입니다. 그들은 흰색 옷을 입고 주님과 함께 걷기에 합당할 것입니다.

사랑하는 친구 여러분!

주님은 우리가 더 큰 즐거움을 누릴 자격을 갖추도록 하기 위해 종종 다른 사람보다 더 큰 시련을 보내십니다.

더 많은 물을 담을 수 있는 웅덩이를 만들고 싶다면 웅덩이를 더 크게 파지 않습니까. 또 많은 사람이 고난 때문에 더 큰 그릇이 됩니다. 시련이 크면 클수록 더 많은 은혜와 더 많은 영광을 얻을 수 있습니다. 은혜를 받는 사람이 고난을 많이 받을수록, 고난 가운데서 그리스도와 더 가깝게 교제할 수 있게 되고, 점차 그분의 영광 안에서 그리스도와 교통할 수 있습니다.

자, 우리 믿음이 시련을 겪을 때 위로받읍시다.

상처란 없습니다. 모두 좋게 될 것입니다. 우리 믿음의 시련은 전적으로 하나님의 손에 달려 있습니다. 아무도 하나님의 허락 없이 우리를 시험할 수 없습니다. 하나님은 우리가 시험받아야 할 정도만큼 시험하시며 그 양이 차면 더 시험하지 않으십니다. 하나님은 한 손으로 우리를 시험하시는 동안 다른

한 손으로 우리를 붙들어 주십니다. 만일 하나님이 우리에게 쓴 잔을 주신다면 나중에 충분한 은혜로 채워 주실 것입니다.

어떤 분이 외쳤습니다.

"저를 다시 아프게 해 주세요. 제가 다시 비방당하고 비난당하게 하소서."

우리 인생 최악의 날은 종종 최고의 날이며, 밝은 빛에서는 볼 수 없는 별을 어두움 속에서 봅니다. 그러므로 하나님이 우리와 함께하시고 하나님에 대한 우리 믿음이 진실한 이상, 이 땅에서 우리에게 무슨 일이 닥치든 상관하지 않을 것입니다.

그리스도인 여러분!

저는 여러분의 시련을 애도하지 않을 것입니다. 오히려 축하하겠습니다. 그리스도의 십자가는 소중하기 때문입니다.

그러나 주님을 사랑하지 않는 여러분이 재물에 굴복하고 물질에 눈길을 준다면 저는 여러분을 위해 애도합니다. 도살을 위해 살찐 황소 같아질 뿐입니다. 당신의 기쁨은 불행의 서곡에 불과합니다.

오, 하나님이 여러분께 자비를 베푸시고 여러분이 자신에게 자비를 베풀어 즉시 예수님께 달려가 주님을 신뢰하게 하소서!

주 예수님의 사역과 직분과 인격을 믿는 것이 구원의 길입니다. 그리스도의 이름을 위해 이 시간에 주님이 여러분을 도와주시기를 기도합니다. 아멘.

제2장

제목: 모든 시련에 임하는 기쁨

■ 본문: 야고보서 1:2-4

■ 설교 요약

그리스도인 각자가 시험과 시련을 겪는다는 것이 삶의 현실이다. 우리가 모두 매 순간 시련을 겪지 않지만, 일부 그리스도인은 항상 겪는다. 그러므로 우리는 시련을 겪을 때, 시련을 겪는 대상은 우리의 믿음임을 기억해야 한다. 우리 원수의 주 공격 대상이 바로 믿음이다. 그러나 그리스도인은 쓸데없는 시련을 겪지 않는다. 시련은 우리의 믿음을 증명하고, 우리가 하나님께 붙들리게 하며, 우리를 은혜의 보좌로 다시 데려가 조금도 부족함이 없는 완전한 사람으로 드러날 수 있도록 한다.

■ 이 설교에서 기억할 만한 문구

"우리의 제일 된 목적은 하나님께 영광을 돌리는 것이며, 만일 우리의 시련을 통해 우리 존재의 목적에 더 온전히 부합할 수 있다면 그런 시련이 우리에게 일어나는 것이 좋습니다."

"모든 그리스도인이 배우고 실천하는 두 가지 것, 즉 기도하고 인내하는 것은 좋은 일입니다."

"우리는 우리 자신을 시험하거나 다른 사람이 시험받는 것을 바라지 않습니다. 주님이 우리를 위해 예비하신 시험을 견디면 될 것입니다. 주님은 당신의 지혜 가운데 그런 시험을 선택하셨기 때문입니다."

Spurgeon On Persevering Through Trials

제2장
모든 시련에 임하는 기쁨

> 내 형제들아 너희가 여러 가지 시험을 당하거든 온전히 기쁘게 여기라 이는 너희 믿음의 시련이 인내를 만들어 내는 줄 너희가 앎이라 인내를 온전히 이루라 이는 너희로 온전하고 구비하여 조금도 부족함이 없게 하려 함이라 (약 1:2-4).

야고보는 열두 지파 중에서 회심한 자를 형제라고 부릅니다. 기독교에는 강한 연합의 힘이 있습니다. 사람들 사이의 관계를 발견하고 창조합니다. 우리가 한 본질임을 상기시키고 은혜의 끈으로 묶습니다.

하나님의 영으로 난 사람은 모두 다 같은 영으로 난 형제입니다. 우리가 한 피로 구속받았으니 형제라 일컬음을 받을 수 있습니다. 우리는 같은 생명에 참여하는 자입니다. 우리는 같은 하늘의 음식을 먹습니다. 우리는 살아 있는 같은 머리에 연합되어 있습니다.

우리는 같은 목적을 추구합니다. 우리는 같은 아버지를 사랑합니다. 우리는 동일한 약속의 상속자입니다. 그리고 우리는 같은 하늘에서 영원히 함께 살 것입니다. 형제자매를 계속 사랑하십시오. 사랑이 계속되게 하십시오. 깨끗한 마음으로 뜨겁게 서로 사랑하십시오. 말뿐 아니라 행함과 진실함으로 사랑하십시오. 세상의 형제애는 가짜일지라도, 믿는 자의 형제애는 하늘 아래에서 가장 진실한 것이 되게 하십시오.

야고보는 "형제들"이라는 단어로 시작해 시련을 겪는 성도에게 진정한 형제애를 나타냈는데, 이것이 바로 기독교의 주된 핵심입니다. 지금, 이 순간에 우리 자신이 유혹받지 않는다고 하더라도 다른 사람은 유혹받습니다. 우리는 유혹받는 사람을 위해 기도해야 합니다. 때가 되면 우리 차례가 오고, 우리가 그 도가니에 들어가야 하기 때문입니다.

우리는 절박한 순간에 동정과 도움을 받기 원합니다. 마찬가지로 지금 시련을 견디고 있는 사람에게 기꺼이 가서 도와주기를 바랍니다. 매여 있는 자들과 함께 매임을 당하고 고난을 받은 사람들을 우리 자신으로 생각합시다. 야고보는 형제들의 시련을 기억하며 그들을 위로합니다.

> 내 형제들아 너희가 여러 가지 시험을 당하거든 온전히 기쁘게 여기라
> (약 1:2).

하나님은 우리가 확신을 갖도록 부르십니다. 또한, 우리 형제 중 누구도 낙담하지 않고 절망하지 않도록 하는 것이 우리의 의무입니다.

우리 거룩한 믿음의 전반적인 경향은 고양하고 격려하는 것입니다. 은혜는 구원의 회개와 함께 와서 용서의 기쁨으로 인도하는 더 건강한 슬픔 외에는 어떤 슬픔도 낳지 않습니다. 그것은 사람을 비참하게 만들기 위해서가 아니라 그들의 눈에서 모든 눈물을 닦아 주기 위해 옵니다. 우리의 꿈은 지옥으로 가는 음산한 계단을 내려가는 악마가 아니라 천사들이 사다리를 오르락내

리락하는 것입니다. 그 사다리의 꼭대기는 빛나는 하나님의 보좌로 연결됩니다.

복음은 기쁨과 환희의 메시지입니다. 복음이 보편적으로 이해되고 받아들여진다면 이 세상은 더 이상 광야가 아니라 기쁨의 장소가 되고 장미가 피어나듯이 아름다울 것입니다.

은혜가 모든 마음을 지배하게 하십시오. 그러면 이 땅은 영원한 노래로 가득 찬 성전이 될 것입니다. 인생의 시련조차도 최고의 기쁨을 주는 원천이 될 것입니다. 야고보는 이런 광경을 마치 가능한 모든 기쁨이 그 안에 가득 차 있는 것처럼 "모든 기쁨"으로 묘사했습니다.

하나님을 찬양합니다!

우리는 모든 형제애를 책망하지 말고 격려해야 합니다.

우리는 고통당하는 자에게 하나님의 징계하시는 손 아래 인내하고 하나님이 주시는 여러 가지 시련에 빠질 때 온전한 기쁨으로 견디라고 말할 수 있습니다. 왜냐하면, 그런 시련이 결국 그들에게 선을 이루게 할 신호이기 때문입니다. 그들은 분명 기쁨으로 거둘 것이기 때문에 눈물에 만족할 수 있습니다.

이제 서두는 충분히 했으니까, 본문으로 들어가겠습니다.

첫째, 야고보 사도는 고난에 관해 말할 때, 시험으로 공격받는 주요 대상, 즉 여러분의 믿음에 주목합니다. 모든 화살이 날아가는 표적은 바로 여러분의 믿음입니다. 여러분의 믿음에 시련을 주기 위해 풀무가 켜져 있습니다.

둘째, 이렇게 해서 얻게 되는 귀한 은혜는 믿음에 대한 증명입니다. 즉, 진짜 믿음인지 가짜 믿음인지 구분할 수 있습니다. 이 믿음의 증거는 아무리 강조해도 지나치지 않은 은혜입니다.

셋째, 우리는 이 시험의 과정, 즉 인내에 의해 생성되는 귀중한 미덕을 간과해서는 안 됩니다. 여러분 믿음의 시련은 인내를 이루는 것이니 이것이 영혼의 가장 확실한 부요함입니다.

넷째, 그 인내와 관련하여 우리는 이렇게 증진되는 영적 완전함에 주목하게 될 것입니다.

이는 너희로 온전하고 구비하여 조금도 부족함이 없게 하려 함이라(약 1:4).

1. 공격 받는 주요 대상

시험의 대상은 여러분의 믿음입니다. 믿음이 있다고 칩시다. 여러 가지 것 중에서 사탄과 세상 사람들에게 불쾌감을 주는 것은 여러분의 믿음입니다. 믿음이 없다면 그들은 여러분의 적이 되지 않을 것입니다. 그러나 믿음은 하나님이 택한 자라는 표이므로, 하나님의 원수는 모든 믿는 자의 원수가 됩니다.

하나님이 친히 뱀과 여자 사이, 뱀의 후손과 여자의 후손이 원수가 되게 하셨으니 이 원한은 반드시 나타나야 합니다. 뱀은 참후손의 발뒤꿈치를 물기 때문에 조롱, 박해, 유혹, 시련이 믿음의 길을 방해할 것입니다. 믿음의 손은 모든 악을 대적하고 모든 악은 믿음을 대적합니다.

믿음은 하나님이 가장 기뻐하시는 복된 은혜이기에 마귀가 가장 불쾌하게 여기는 것입니다. 하나님은 믿음으로 크게 영광을 받으시므로 사탄은 믿음에 크게 분노합니다. 그는 믿음에서 자신의 패배와 은혜의 승리를 보기 때문에 믿음에 분노합니다.

여러분이 겪는 믿음의 시련이 주님께 영광을 가져다주기 때문에 주님은 친히 시련을 주십니다. 시련 때문에 믿음을 지탱하는 하나님의 은혜에 대한 찬양이 나옵니다. 우리의 제일 된 목적은 하나님께 영광을 돌리는 것이며, 만일 우리의 시련을 통해 우리 존재의 목적에 더 온전히 부합할 수 있다면 그런 시련이 우리에게 일어나는 것이 좋습니다.

우리는 믿음으로 구원받고 의롭다 하심을 받고 하나님께 가까이 나아갑니다. 그러므로 믿음이 공격을 받는 것은 이상한 일이 아닙니다. 그리스도를 믿음으로 죄의 권세에서 건져지고 하나님의 아들이 되는 권세를 받습니다. 마음이 몸에 중요한 것처럼 믿음은 구원에 매우 중요합니다. 따라서 적의 창은 주로 이 본질적인 은총을 겨냥합니다. 믿음은 전투에서 군기를 든 기수이며, 원수의 목적은 전투에서 승리하기 위해 그를 쓰러뜨리는 것입니다.

기초가 무너지면 의인이 무엇을 할 수 있겠습니까?

의와 진리를 반대하는 흑암의 모든 세력은 반드시 우리의 믿음에 대항하여 싸울 것이며, 하나님에 대한 우리의 확신을 거스르는 여러 가지 유혹이 흑암의 군대에서 행진할 것입니다.

우리는 믿음으로 삽니다. 우리는 믿음으로 살기 시작했습니다. 그리고 우리는 믿음으로 살 것입니다.

의인은 믿음으로 말미암아 살리라 (롬 1:17).

믿음이 사라지면 우리의 생명도 사라집니다. 따라서 우리에 대항하여 전쟁을 일으키는 세력은 이 왕의 성, 모든 성에서 가장 중요한 성을 주로 공격합니다. 믿음은 여러분의 보석이고, 당신의 기쁨이며, 당신의 영광입니다. 순례자의 길에서 어슬렁거리는 도둑들은 모두 믿음을 여러분에게서 **빼앗으려** 합니다. 그러므로 여러분이 선택한 이 보물을 굳게 잡으십시오.

그리스도인의 업적도 믿음으로 말미암아 이루어집니다. 옛날 사람들이 용감하고 영웅적인 일을 했다면 그것도 역시 믿음으로 말미암은 것이었습니다. 기독교인에게서 믿음을 빼앗아 보십시오. 그러면 그는 나사 풀린 삼손과 같이 될 것입니다.

모든 상황이 여러분의 믿음을 흔들지라도 기이히 여기지 마십시오. 믿음이 바로 영적 집의 머릿돌이기 때문입니다.

여러분의 믿음이 현재의 모든 시련 속에서도 견고하고 흔들리지 않게 하여 죽음의 날과 심판의 날에 진실한 믿음이었음을 증명하십시오.

평화로운 때 믿음을 저버리는 사람에게 화 있을진저, 그는 환난 날에 무엇을 하리요?

이제 믿음이 어떻게 시험받는지 보십시오.

본문에 의하면 우리는 "각종 시험"에 빠진다고 합니다. 즉, 우리는 매우 많고 매우 다양한 고난을 예상할 수 있습니다. 어쨌든 이런 시련은 가장 현실적일 것입니다.

이 서신의 수신자인 열두 지파는 특별히 시험을 받은 사람들이었습니다. 왜냐하면, 그들은 처음에 유대인으로서 다른 모든 민족에게 큰 박해를 받았고, 그들이 그리스도인이 되었을 때 동족에게 잔인하게 박해를 받았기 때문입니다. 이방인 개종자는 유대 기독교인보다 위험이 다소 적었습니다. 유대 기독교인은 이교도와 유대교도 사이에서 위 맷돌과 아래 맷돌 사이에서 짓눌리듯 했기 때문입니다. 유대 기독교인은 일반적으로 자기 가족과 친척들에게 너무나 큰 박해를 받아 그들에게서 도망쳐야 했습니다. 그러나 다른 모든 사람이 유대인을 혐오했습니다.

그렇다면 이들은 도대체 어디로 가야 한단 말입니까?

우리는 그런 곤경에 처해 있지 않지만, 오늘날까지도 하나님의 백성은 시련이 헛소리가 아님을 알게 될 것입니다. 하나님의 집에 있는 막대기는 가지고 노는 장난감이 아닙니다. 용광로는 단순히 따뜻하게 하기 위한 도구가 아닙니다. 우리가 받는 유혹은 초조함이나 도깨비가 주는 몽환적 두려움이 아닙니다. 여러분은 욥의 인내에 관해 아실 것입니다. 그는 실제로 고난을 받았기 때문에 그의 인내 역시 참된 것이었습니다.

아, 그리고 그리스도인의 시련은 그 자체로 우리를 죄로 이끈다는 점에 유의하십시오. 시련이 자연스럽게 발생하는 문제는 우리를 성화로 이끌지 않고 죄를 유발한다는 것입니다.

사람은 환난을 겪을 때 불신앙의 모습을 하기 십상입니다. 그것이 죄입니다. 시련을 겪을 때 하나님을 원망하기 쉽습니다. 그것이 죄입니다. 시련을 겪는 사람은 시련의 어려움에서 벗어나기 위해 어떤 나쁜 방법으로 손을 내미는 경향이 있습니다. 그것이 죄입니다.

그러므로 우리는 "우리를 시험에 들게 하지 마소서"라고 기도해야 합니다. 시련은 그 자체로 어느 정도의 유혹을 포함하기 때문이며, 만일 시련이 풍성한 은혜로 무력화되지 않는 한 우리는 죄를 지을 것이기 때문입니다.

모든 시험에는 어느 정도의 유혹이 있다고 생각합니다. 주님은 악에 시험을 받지 않으시며, 아무도 시험하지 않으십니다. 그러나 우리는 그분의 목적과 계획을 이해해야 합니다. 그는 그 누구도 악을 행하도록 꾀지 아니하십니다. 단지 죄가 오는 길목에 사람을 두어 사람의 성실함과 신실함을 시험하십니다.

그들이 올무에 걸리지 않도록 최선을 다해 그들의 의로움을 자신과 다른 사람에게 증명하도록 하십시오. 우리를 유혹으로 가득 찬 세상에서 내보내지 않고, 우리의 유익을 위해 이 세상에 두십니다.

저는 특히 악의 영이 떠돌아다니는 어두컴컴한 시간에 악에 대한 강한 충동을 느끼는 많은 사람에게 말하지 않습니까?

시험이 극심한 계절에 떨지 않았습니까?

극심한 시험을 견디지 않고 탄생한 미덕이 과연 있을까요?

미움으로 굳어 버리겠다고 위협할 정도로 시험받지 않은 사랑이 있을까요?

이 서리나 병충해의 시련도 없이 이 혹독한 기후에서 은혜의 꽃이 핀 적이 있습니까?

따라서 시련뿐만 아니라 검은 유혹이 그리스도인의 신앙을 공격합니다.

어떤 형태를 취하는지에 관해 이렇게 말할 수 있습니다. 각 사람의 시련이나 유혹은 다른 사람의 것과 다릅니다.

하나님이 아브라함을 시험하실 때, 외아들을 데리고 산에 가서 제물로 드리라고 명령하셨습니다. 여기 있는 누구도 그런 식으로 시험받은 적이 없습니다. 앞으로도 이런 식의 시험은 없을 것입니다. 우리는 자녀를 잃는 시련을 겪을 수 있지만, 그를 희생으로 바치라는 명령을 받는 시련은 분명 아닙니다.

복음서에 나오는 청년의 경우에 우리 주 예수님은 "네가 온전하고자 할진대 가서 네 소유를 팔아 가난한 자들에게 주라 그리하면 하늘에서 보화가 네게 있으리라" 하고 시험하셨습니다. 그러므로 어떤 사람들은 소유물을 나누는 것이 모든 사람의 의무여야 한다는 헛된 생각을 했습니다.

외아들을 바치는 것은 모든 사람이 해야 할 일이 아닙니다. 그리고 자기 모든 재산을 처분하는 것이 모든 사람이 해야 할 의무도 아닙니다.

우리는 우리 자신을 시험하거나 다른 사람이 시험받는 것을 바라지 않습니다. 주님이 우리를 위해 예비하신 시험을 견디면 될 것입니다. 주님은 당신의 지혜 가운데 그런 시험을 선택하셨기 때문입니다. 저에게 가장 큰 시험 거리가 여러분에게는 아무것도 아닐 수 있습니다. 반대로 여러분을 시험하는 것이 저에게는 아무것도 아닐 수 있습니다.

이런 이유로 우리는 때때로 다른 사람을 가혹하게 판단하기도 합니다. 우리는 어떤 부분에서 우리 자신이 강하다고 느끼기 때문에 유혹을 견디지 못한 사람도 그 점에서 강했을 것이며 따라서 고의로 악을 행하기로 결심했을 것이라고 주장합니다. 이것은 잔인한 가정일 수 있습니다.

우리는 다른 사람이 겪었던 유혹이 별것 아니었을 것이라고 성급하게 결론을 내립니다. 이것은 큰 실수입니다. 왜냐하면, 당신이나 나에게는 전혀 유혹이 아닐 수도 있는 유혹이 다른 사람에게는 사탄의 가장 맹렬하고 무서운 돌풍이 될 수도 있기 때문입니다.

사랑하는 성도 여러분!

때때로 이 여러 가지 시험은 우리를 매섭게 둘러싸고 우리의 탈출을 완전히 차단하는 것처럼 보입니다. 야고보는 말합니다. 마치 구덩이에 빠져 어떻게 나가야 할 줄 모르는 사람처럼 "너희가 여러 가지 시험을 당하거든"이라고.

시험을 받은 사람은 어느 길로 가야 할지 알지 못합니다. 마치 새가 사냥꾼의 올무에 걸린 것처럼, 포박된 것처럼 보입니다. 우리에게 임하는 여러 가지 시험은 재앙이 되어 우리의 길을 막습니다. 믿음으로 빠져나갈 구멍을 찾지 못하면 가시로 둘러싸인 미로에서 방황합니다.

때때로 시험은 갑자기 우리에게 닥쳐오고 우리는 그것에 빠집니다. 우리가 쉬고 있을 때 갑자기 시험이 닥칩니다. 사자가 수풀에서 뛰어오르는 것처럼 말이죠.

욥의 자녀들이 형의 집에서 먹고 마시고 있을 때, 갑자기 광야에서 바람이 불어와 그들은 죽었습니다. 소가 밭을 갈고, 양이 풀을 뜯고, 낙타가 일하고 있을 때, 하늘에서 내려온 불과 도적단에 의해 순식간에 이 모든 소유물이 사라졌습니다. 한 전달자의 이야기가 끝나기 무섭게 또 다른 전달자가 비극을 전했습니다. 욥은 숨을 쉴 틈이 없었습니다. 공격은 거세고 신속했습니다. 여러 가지 시련을 전혀 예상하지 못할 때 임하는 믿음의 시련이 가장 가혹합니다.

야고보가 "너희가 여러 가지 시험을 당하거든 온전히 기쁘게 여기라"라고 말한 것에 비추어 볼 때 이상하지 않습니까?

그들은 혼란과 투옥과 십자가에 의한 처형과 칼과 불의 날에 살았습니다. 원형 극장은 수천 명의 기독교인을 집어삼켰습니다. 사람들은 "기독교인은 사자의 밥이 되게 하라"고 외쳤습니다. 가장 용감한 사람도 때때로 이렇게 말합니다.

우리의 믿음이 정말 참된 것입니까?
모든 인류가 혐오하는 이 믿음이 거룩한 것일까요?
이 믿음이 하나님에게서 왔습니까?
그러면 왜 하나님은 당신 백성이 처한 상황에 개입하여 구원하시지 않습니까?
배교해야 할까요?
그리스도를 부인하고 살 것인가, 아니면 수많은 고통을 받아 피 흘리는 죽음에 이르기까지 신앙을 지킬 것인가?

결국, 주님에 대한 충성심이 이 질문에 답을 줄 것입니다.

영광의 면류관이 있습니까?
영원한 행복이 있습니까?

죽은 자의 부활이 정말로 있습니까?"

이런 질문은 당시 사람들의 마음에 들어왔고 그들의 마음을 복잡하게 했습니다. 순교자들의 신앙은 간접적으로 전해지거나 부모에게서 빌린 것이 아닙니다. 그들은 진심으로 믿었습니다. 그 당시 사람들은 죽음에 대한 두려움을 극복했습니다. 그들은 절대로 움츠리거나 도망가지 않고 믿었습니다.

참으로 그들은 무리를 향해 예수님에 대한 믿음을 고백하기 위해 힘써 노력했고 마침내 이교도들은 소리쳤습니다.

"그들에게는 분명 무언가 있다. 그것은 참하나님의 종교임이 틀림없다. 그렇지 않다면 어떻게 이들이 이런 고난을 견딘단 말인가?"

이것이 하나님이 택하신 자들의 믿음이었습니다. 곧 성령의 역사였습니다.

2. 믿음의 시련을 통해 얻은 복

얻은 복은 이것입니다. 우리의 믿음은 시험을 받고 증명되었다는 것입니다. 하나님이 보내신 시련이 바로 증거입니다. 당신이 훌륭한 군인인지 아닌지 시험하는 방법은 전투를 치르는 것입니다. 배가 잘 건조되었는지 확인하는 방법은 배를 바다로 보내는 것입니다. 폭풍우가 배의 견고함을 가장 잘 증명할 것입니다. 하나님의 진리가 양식으로 필요한 것처럼, 시련도 필요합니다.

옛 언약궤에 담긴 고대 모형을 생각해 보십시오. 두 가지가 가까이 놓였으니, 만나 항아리와 지팡이입니다(히 9:4). 하늘의 양식과 하늘의 통치가 어떻게 함께 하며, 양식과 회초리가 어떻게 동등하게 제공되는지 보십시오. 그리스도인은 만나 없이 살 수 없고 지팡이 없이도 살 수 없습니다. 둘은 함께 가야 합니다.

제가 하고 싶은 말은 이것입니다. 하나님 영의 위로로 여러분 안에 구원이 유지되는 것처럼, 여러분의 구원이 시련을 겪고 난 후 증명됩니다. 이는 하나님의 자비입니다. 거룩한 환난은 우리 믿음의 증거가 되는데 이는 금보다 더 귀합니다.

시련을 맞아 도망가지 않고 견뎌 낼 때 진정성이 증명됩니다.

어려움에서 나온 그리스도인은 자신에게 이렇게 말합니다.

> 그렇습니다. 나는 충절을 굳게 지키고 배신하지 않았습니다. 하나님께 감사합니다. 나는 위협을 두려워하지 않았습니다. 나는 실패에 짓눌리지 않았습니다. 나는 압박 속에서 하나님을 믿었습니다. 이제 나는 단순히 입으로만 신앙을 고백한 것이 아니라 하나님께 진정으로 헌신하고 있음을 확신합니다. 하나님의 권능으로 말미암아 불 같은 시험을 견뎌 냈습니다.

다음으로 시련은 우리의 교리적 믿음이 참임을 증명합니다. 당신이 아팠을 때 기독교 교리에서 위안을 얻었다면, 그 교리가 참되다고 확신할 것입니다. 당신이 죽음의 경계에 있었을 때, 복음이 당신에게 기쁨과 환희를 주었다면 그 복음이 얼마나 참된지 알 것입니다. 실험적 지식이 가장 확실하고 분명합니다. 죽음 자체를 의기양양하게 통과하는 사람을 본 적이 있다면 이렇게 말했을 것입니다.

"이것이 나에게 증거입니다. 내가 직접 봤습니다."

이런 확신은 싸게 구입한 것이 아닙니다.

주님이 그 확신을 얻는 길에 우리를 두실 때, 무척 기뻐할 수는 없습니까?

의심이 시련보다 더 나쁜 것 같습니다. 저는 복음이나 그것에 대한 나 자신의 관심에 의문을 제기하기보다 차라리 고통을 겪는 쪽을 선택했습니다. 물론 그것은 우리 마음의 피로도 살 가치가 있는 보석입니다.

시험을 받을 때 하나님께 매달리면 하나님에 대한 믿음이 증명됩니다. 신실함뿐 아니라 당신 믿음이 하나님에게서 왔다는 것도 증명됩니다.

시험을 견디지 않은 믿음을 어찌 신뢰할 수 있겠습니까?

그러나 가장 어두운 시간에 당신은 여전히 말합니다.

"내 짐을 주께 맡기리니 그분이 나를 붙드시리라."

하나님이 당신을 붙드신다는 것을 안다면, 당신의 믿음은 하나님이 택하신 자에게 있는 믿음입니다. 시험 중에 하나님께 기도하여 흠이 없게 해 달라고 부르짖고 하나님이 그렇게 하시도록 도우면, 당신의 믿음은 성령이 당신의 영혼에 낳으신 믿음이라고 확신할 수 있습니다.

저는 저 자신의 연약함 속에서 주님의 크신 능력을 배우는 것이 특히 달콤하다고 생각합니다. 우리는 시련 속에서 우리가 가장 약한 곳을 발견하고, 바로 그때 기도의 응답으로 하나님은 우리에게 힘을 주십니다. 주님은 장애물을 제거하고 상처를 싸매십니다. 필요한 바로 그 시간에 필요한 은혜를 주십니다. 그렇게 해서 믿음의 확신이 생기는 것 아닙니까.

사탄에게조차 당신의 동기가 순수하다는 것을 증명할 수 있다면 정말로 훌륭한 일입니다. 그래서 욥이 큰 인물입니다.

욥의 외적 행위에 대해서는 의문의 여지가 없었지만, 그의 동기는 다릅니다. 글쎄요, 그는 시험을 받고 모든 것을 빼앗기고 나서 "그가 나를 죽이실지라도 나는 그를 신뢰하리라"라고 외칠 때, 그가 받는 것과 그것을 주시는 하나님께 감사할 때, 마귀는 그를 다시 고발할 수 있는 뻔뻔함이 없었습니다. 욥의 양심은 하나님에 대한 그의 순수한 사랑을 확증했을 것입니다.

형제 여러분!

상상할 수 있는 모든 고난과 시련을 인내하는 것이 확고한 확신을 얻기 위해 치러야 할 작은 대가라고 생각합니다. 당신을 이 바위에 부딪치게 하는 파도를 신경 쓰지 마십시오. 그러므로 시험을 받을 때 "온전히 기쁘게 여기십시오." 왜냐하면, 여러분은 사랑의 증거, 믿음의 증거, 하나님의 참자녀로 태어난 증거를 얻게 될 것이기 때문입니다.

야고보는 "여기라"라고 말합니다. 훌륭한 회계사가 되기 위해서는 훈련받아야 합니다. 회계는 배워야 할 기술입니다. 어떤 분에게는 사무원의 도움 없이 계정을 정산하고 지출과 수입을 관리하는 일이 무척 혼란스러울 것입니다.

수입과 지출을 계산해 보니 적자가 나면 얼마나 골치 아플까요?

돈을 세는 것보다 쓰는 게 훨씬 더 쉽습니다. 그러나 여러분이 부기의 과학을 알게 되면 곧 문제의 핵심을 파악하게 됩니다. 여러분은 계산하는 법을 배웠고 어떤 오류도 찾아냅니다.

야고보는 우리에게 준비된 계산기를 제공하고 문제가 있을 때 어떻게 계산하는지 가르칩니다. 그는 육신의 이성이 사용하는 것과는 다른 척도를 우리 앞에 제시합니다. 성소의 세겔은 일반적인 상업 거래에서 쓰는 세겔과 매우 다르듯이, 믿음의 계산도 인간의 판단과는 거리가 멉니다. 그는 우리에게 펜을 들고 신속히 앉아서 정확하게 받아쓰라고 명령합니다.

당신은 "여러 가지 시험을" 쓰려고 했습니다. 그것은 매우 잘못된 면이 될 수도 있겠지만, 그는 당신에게 당신 믿음을 증명하라고 명령합니다. 그리고 이 하나의 자산은 거래에서 상당한 이익을 만듭니다. 시련은 불과 같습니다. 시련은 우리 안에 있는 찌꺼기 외에는 그 무엇도 태우지 않습니다. 금을 더욱 순수하게 만듭니다.

여러 가지 시련에 빠질 때 슬퍼하지 말고 모든 것을 기쁨으로 받아들이십시오. 이는 여러분의 믿음이 있다는 것을 증명하기 때문입니다.

3. 시련을 통해 얻은 값진 미덕

> 너희 믿음의 시련이 인내를 만들어 내는 … (약 1:3).

인내가 믿음의 증거입니다. 우리는 모두 인내가 필요할 때까지 시련을 재고로 쌓아 둡니다. 그리고 다 사라집니다. 진정한 인내를 소유한 사람은 시험을 받은 사람입니다.

그 사람은 하나님의 은혜로 어떤 인내를 얻습니까?

첫째, 불평하지 않고 시련을 하나님께 받은 것처럼 받아들이는 인내를 얻습니다.

침착하게 받아들일 힘은 갑자기 생기지 않습니다. 영혼이 주님의 뜻에 온전히 복종하도록 하기 위해서는 종종 오랜 세월의 육체적 고통, 정신적 우울증, 사업 실패, 또는 사랑하는 사람과의 이별이 필요합니다. 점차 우리는 하나님과의 싸움을 끝내고 하나님의 뜻이 우리의 뜻이 되기를 바라는 마음을 배웁니다.

오, 형제여!

만일 당신의 고난이 당신을 그렇게 만든다면, 당신은 이득을 보는 사람이요, 당신은 그것을 모든 기쁨으로 여길 수 있습니다.

둘째, 경험한 덕에 모욕과 중상과 상처를 원한 없이 견딜 수 있습니다.

이런 종류의 인내는 치열하지만 온유함으로 참습니다. 스승과 마찬가지로 변명하기 위해 입을 열지 않고, 악을 악으로 갚지 않습니다. 오히려 자기를 찍는 도끼에 향을 내는 백단향 나무처럼 저주에 대한 대가로 축복합니다.

아, 친구여!

시련을 통해 주시는 하나님의 은혜가 여러분 속에 절대 노하지 않고 사랑하기를 그치지 않는 고요한 인내로 역사한다면, 여러분은 약간의 위로를 잃었을지 모르지만 굳건한 성품을 얻었습니다.

셋째, 하나님이 주신 환난을 통해 우리 안에서 역사하는 인내는 지나치게 서두르지 않고 행동합니다.

지혜가 우리의 열심에 균형을 맞추기 전에 우리는 하나님을 서둘러 섬기려고 합니다. 마치 모든 것을 한 시간 안에 끝내야지, 그렇지 않으면 절대로 성취할 수 없다는 기분으로 말입니다. 우리는 시련의 학교에서 훈련받은 후 조금 더 마음을 준비하고 거룩한 예배에 나섰습니다. 우리는 우리가 얼마나 불쌍한 피조물이며 우리가 얼마나 영광스러운 주인을 섬기는지 인식하면서, 꾸준히 그리고 단호하게 예수님을 섬깁니다.

우리 하나님 여호와는 강하고 지혜로우시기 때문에 서두르지 않으십니다. 우리가 주 예수님처럼 성장함에 따라 우리는 마음의 혼란과 영혼의 분노를 버릴 것입니다. 예수님의 사역은 엄청났지만, 그분은 절대로 혼란스럽거나 흥분하거나 걱정하거나 서두르는 것처럼 보이지 않으셨습니다. 그분은 다투지도 않고 소리 지르지도 않으시며 거리에서 불평하지도 않았습니다.

그분은 자신의 때가 아직 오지 않았으며 일할 수 있는 날이 많다는 것을 아셨으므로 아버지께서 하라고 주신 일을 마치실 때까지 꾸준히 가셨습니다. 그런 인내심이야말로 황제의 왕관에서 반짝이는 보석보다 더 갖고 싶은 보석입니다.

그것은 또한 우리가 믿음으로 기다릴 수 있는 위대한 종류의 인내입니다. 모든 그리스도인이 배우고 실천하는 두 가지 것, 즉 기도하고 인내하는 것은 좋은 일입니다. 주님을 기다린다는 것은 기도하는 것과 인내하는 것 모두를 의미합니다.

만일 세상이 올해 회심하지 않는다면 어떡합니까!
만약 주 예수님이 내일 오지 않는다면 어떡합니까!
그래서 우리가 당하는 환난의 날이 연장되면 어떡합니까!
갈등이 계속된다면 어떡합니까!

시련을 겪고 은혜로 시련의 참된 유익을 얻은 자는 하나님의 구원을 조용히 기다리며 기쁘게 바랍니다.
힘내세요, 형제 여러분!
이 미덕이 여러분이 감당하기에 너무 높습니까?
성령께서 여러분의 고난을 통해 그것을 주실 것입니다.
형제자매 여러분!
인내를 배운다면 높은 학위를 취득한 것보다 낫습니다. 바다 위에서 살면서 폭풍과 싸우는 선원을 상상해 보십시오. 그는 구릿빛 얼굴과 적갈색 피부를 하고 있습니다. 그는 참나무 심장처럼 단단하고 철처럼 강인해 보입니다. 우리 같은 풋내기 선원과는 비교조차 할 수 없습니다.
그 사람은 어떻게 그토록 고난에 익숙해져 폭풍을 이겨 낼 수 있습니까?
폭풍을 이겨 내고 일합니다. 해안에 머문다면 강인한 선원이 될 수 없었을 것입니다. 고난은 쉬운 환경에서는 배울 수 없는 영적 용기를 배우게 합니다.
죽을 때까지 학교에 다닌다고 해서 인내를 배울 수 없습니다. 강한 믿음과 용감한 인내는 고난에서 옵니다. 그렇게 준비된 소수의 그리스도인만이 폭풍우가 닥칠 때 제 역할을 할 수 있습니다. 확고한 인내와 신성한 강인함의 상태에 도달한다면, 그 어떤 희생을 치른다고 해도 전혀 아깝지 않습니다. 주님은 우리에게 이 선택의 은혜를 더 많이 주십니다.

4. 영적 완전성 증진

마지막으로, 이 모든 것은 더 좋은 유익을 위함입니다.

> 이는 너희로 온전하고 구비하여 조금도 부족함이 없게 하려 함이라(약 1:4).

형제 여러분!
이 세상에서 사람이 얻을 수 있는 가장 값진 것은 그의 진정한 자아와 가장 관련이 있습니다. 좋은 집을 얻는 것은 중요하죠. 그러나 건강이 좋지 않다고 가정해 보십시오. 좋은 집이 무슨 소용이 있습니까.
옷을 잘 입고 잘 먹는 것은 좋은 일입니다. 그러나 음식을 먹어도 구역질이 나고 몸이 떨리며 소화 불량으로 식욕이 없다고 가정해 보십시오. 아무런 소용 없습니다. 건강이 훨씬 더 가치 있는 것입니다. 우리는 모두 다 동의할 것입니다. 그런데 어떤 사람의 몸은 건강한데도 속사람이 병들어 악으로 인해 곤욕을 당하거나 정욕이 끓는다고 합시다. 그 사람을 더 나은 사람으로 만드는 것, 즉 그를 의롭고 참되고 순결하고 거룩하게 만드는 것이 무엇이냐가 중요합니다.

자신이 더 나은 사람이 될 때, 그는 의심의 여지 없는 열매를 남깁니다. 그러므로 우리의 환난이 믿음을 시험하여 인내를 기르고 그 인내가 우리를 그리스도 예수 안에서 온전한 사람으로 만든다면, 우리는 시련을 기뻐할 수 있습니다. 하나님의 은혜로 인한 고난은 우리를 온전한 사람으로 만들고 모든 영적 능력이 발전하므로 시련은 우리의 친구요 조력자이기 때문에 "온전히 기쁘게" 받아들여야 합니다.

하나님의 은혜로 시련을 인내할 때, 우리는 무르익습니다. '무르익는다'는 말을 뭐라고 설명해야 할지 모르겠습니다. 다른 사람이 한 번도 경험한 적이 없는 큰 환난을 견뎌 낸 성도에게는 일종의 원숙함이 있습니다. 그것은 우연히 얻거나 모방할 수 있는 성질의 것이 아닙니다.

어느 정도의 햇빛은 과일의 진정한 풍미를 끌어내기 위해 필요합니다. 과일이 뜨거운 태양의 기운을 느끼면, 우리가 모두 기뻐하는 감미로운 맛을 품어냅니다. 사람도 마찬가지입니다. 어느 정도의 어려움은 달콤한 은혜를 창조하게 해서 은혜로운 품성이 풍성하게 익게 합니다.

사랑하는 형제자매 여러분!

여러 가지 유혹을 통하지 않고는 절대로 우리에게 오지 않는 영적 능력이 있습니다. 무슨 말이냐 하면, 승화된 시련은 단련된 영을 낳는다는 것입니다. 어떤 사람은 천성적으로 거칠고 냉혹합니다. 그러나 잠시 후 그의 거칠고 냉혹한 성격은 사라지고 부드러운 사람으로 변해 있을 겁니다. 이런 모습을 본 그의 친구들은 크게 기뻐할 것입니다.

"아, 그의 거친 인격이 다듬어졌어!"

하나님의 은혜 아래서, 영적 우울함, 상실감, 고난, 사별은 그의 거친 본성을 부드럽게 해서 주님처럼 온유하고 겸손하게 만들었습니다. 승화된 사람은 동정심을 낳는 경향이 큽니다. 동정심은 교회에 기계의 기름과 같습니다. 한 번도 고난을 겪지 않은 사람은 하나님의 자녀가 시험을 받을 때 동정심을 느끼기 힘듭니다. 그는 친절한 마음으로 최선을 다하지만 어떻게 해야 하는지 모릅니다. 그러나 하나님의 채찍을 자주 맞은 사람은 다른 사람이 고난을 겪을 때 동정심을 느낄 수 있습니다.

시험을 받은 사람들도 그들의 약점이 철저히 성화되었을 때 얼마나 조심스럽고 겸손해지는지 본 적이 없습니까?

그들은 예전처럼 아주 급하게 말하지 않습니다. 그들은 성경적으로 완전한 사람이기는 하지만 절대적으로 완전하다고 말하지 않습니다. 그들은 자신의 행위에 대해 거의 말하지 않고 주님의 부드러운 자비에 대해 많이 말합니다. 그들은 아버지의 채찍을 기억하고 잘못을 저지르는 사람들에게 부드럽게 말합니다. 고난은 우리 주 예수께서 우리의 거만한 교만의 이마에 던지시는 돌이고 인내는 교만의 머리를 베는 칼입니다. 그들 역시 가장 고마운 사람들입니다.

저는 침대에서 한쪽 다리를 움직일 수 있는 능력에 대해 하나님을 찬양하는 것이 무엇인지 알고 있습니다. 별것 아닌 것 같지만 저에게는 큰 복이었습니다.

고난을 겪는 자들은 모든 것에 대해 하나님께 영광을 돌리러 옵니다. 문제가 있는 사람은 감사하는 사람이 되며, 이는 작은 일이 아닙니다. 일반적으로 하나님의 은혜가 역사하는 곳에 이들은 소망을 품습니다. 다른 사람들은 폭풍이 배를 파괴하겠다고 생각하지만, 그들은 사나운 폭풍도 배를 파괴하지 못했던 일을 기억합니다. 그래서 그들의 침착한 용기는 다른 사람을 절망으로부터 지켜 냅니다.

이 사람들도 영적입니다. 많은 시험을 받은 이 사람들은 흔히 가장 영적이며, 그들의 영성에서 능력이 나옵니다. 순례자들의 무리를 하늘의 도시로 이끌었던 그레이트 하트(Mr. Great heart)는 많은 시련을 겪었습니다. 그렇지 않았다면 그는 그렇게 많은 사람을 하늘의 안식처로 이끌지 못했을 것입니다.

사랑하는 형제여!

만약 당신이 지도자와 조력자가 되려면 반드시 이와 같은 시련을 통해 준비해야 합니다.

모든 덕을 계발하기를 바라지 않습니까?

그리스도 예수 안에서 온전한 사람이 되기를 원하지 않습니까?

그렇다면 여러 가지 시련과 시험을 기쁨으로 받아들이십시오.

이것들과 함께 하나님께로 달려가십시오.

이것들을 보내신 하나님을 찬양하십시오.

인내로 견딜 수 있게 해 달라고 하나님께 간구하십시오.

그런 다음 인내가 온전히 이루어지도록 하십시오.

그러면 하나님의 영의 힘으로 "온전하고 구비하여 조금도 부족함이" 없게 될 것입니다.

제3장

제목: 현재 위기

■ 본문: 호세아 5:15

■ 설교 요약

국가의 위기와 시련 속에서 믿음을 가진 우리는 하나님께서 당신의 백성을 버리지 않으시리라는 것을 확신할 수 있다. 그러나 이는 주님께서 당신의 자녀에게 징계를 내리지 않으신다는 것을 의미하지는 않는다. 하나님은 우리가 회개하고 그분께 돌아오도록 징계를 보류하신다. 믿는 자가 하나님과 더 교통하지 않는다는 것은 죽음을 의미한다. 그러므로 신자는 회개하고 하나님께 더 가까이 나아가야 한다.

■ 이 설교에서 기억할 만한 문구

"하나님과 화해하기를 소망하십시오. 하늘과 땅을 지으신 위대하신 하나님과 화목하기를 갈망하십시오."

"하나님의 이런 철회가 고통스럽게 느껴질 때, 우리는 죄의 근원이 되는 죄를 가장 열렬히 조사해야 합니다."

"속히 회개하고 하늘 아버지의 얼굴을 구하는 것이 좋습니다."

Spurgeon On Persevering Through Trials

제3장
현재 위기

> 그들이 그 죄를 뉘우치고 내 얼굴을 구하기까지 내가 내 곳으로 돌아가리라 그들이 고난 받을 때에 나를 간절히 구하리라(호 5:15).

하나님은 자신이 앞으로 하실 일을 우리에게 항상 말씀하시지 않습니다. "일을 숨기는 것이 하나님의 영광이니라"고 말씀하셨고, 우리 주 예수님은 "때와 시기는 아버지께서 자기의 권한에 두셨으니 너희가 알 바 아니요"라고 말씀하셨습니다. 그분이 하려는 일을 우리에게 알려 주실 때는 우리의 호기심을 만족하기 위함이 아니라 우리에게 어떤 특별한 행동을 하도록 하기 위함입니다.

이 경우에 주님은 당신의 의도에 관해 호통치십니다. 하나님은 당신의 백성을 징계하는 데 지치셨으므로 그들에게서 등을 돌리시고 어떻게 되든 상관하지 않으시려고 합니다. 주님은 마치 기다리는 시간이 끝난 것처럼 "나는 내 처소로 돌아가겠다"라고 말씀하십니다. 하나님은 그들 가운데 더 머무르지 않으십니다. 우리의 완고함에 신물이 나셨습니다.

하나님이 떠나시면, 우리가 아무리 기도하고 헌금해도 소용없습니다. 따라서 우리는 하나님이 우리를 떠나지 않으시도록 애원해야 합니다. 또는 하나님이 이미 떠나셨다면 우리가 죄를 진심으로 고백하고 하나님의 얼굴을 즉시 구함으로 하나님이 은혜 베푸시어 다시 한번 우리를 만나시도록 간청해야 합니다.

하나님이 떠나신다면 모든 것이 없어집니다. 아무런 희망도 남아 있지 않습니다. 하나님의 부재는 재앙 중에서 가장 나쁜 재앙입니다. 그러므로 그런 심판의 경고를 받는 사람은 마음을 바로잡고 올바른 길을 택하며 하나님을 붙잡기 위해 무엇이든지 해야 합니다. 하나님과의 교제가 단절되기 이전 상태로 되돌려 놓아야 합니다. 최선을 다해 왕을 다시 모셔 와 하나님이 은총을 주시도록 하는 열정이 있어야 합니다.

사랑하는 친구 여러분!

저는 오늘 아침 가장 진실한 마음을 담아 기도하며 실천적인 말을 하고 싶습니다. 죄가 우리와 하나님 사이를 갈라놓기 시작하면, 우리는 분발하여 우리의 잘못을 인정하고 그분의 얼굴을 구해야 합니다. 하나님과의 단절이 오랫동안 지속한다면 온 영혼이 돌아와 하나님과 더 가까이 가고자 하는 열망이 일어나기를 바랍니다.

1. 현재 국가적 문제

저는 이 일들을 가장 간단하면서도 솔직하게 하나님 앞에서 말하고 싶습니다. 저는 정치적 성향을 나타내지 않은 채, 그런 주제를 다루기란 불가능하다는 것을 압니다. 그러나 저는 그런 모든 편견으로부터 자유로워지기를 원합니다. 저는 어떤 정당을 지지하는 사람이 아닌 단순히 살아계신 하나님의 종으로서 말할 것입니다. 저는 침착하고 엄숙하게 사실을 공정하고 정확하게 다룰 것입니다.

저는 사랑하는 조국에 대해 좋지 않은 말을 하는 것이 제 마음에 부담이 됩니다. 제가 그렇게 하는 것 같다면 이는 악의가 있어서가 아닙니다. 단지 침묵해서는 안 된다고 말하는 제 양심의 압박 때문입니다.

우리나라가 크고 혹독한 역경의 시기를 겪고 있다는 사실을 부인할 사람은 아무도 없을 것입니다. 우리는 전쟁에 대한 끊임없는 소문으로 인해 여러 달, 심지어 몇 년 동안 당황했습니다. 우리는 오랫동안 밤에 쉬지 못했습니다. 아침 뉴스에서 우리나라가 유럽의 한 강대국과 전쟁에 휩싸였다는 소식이 있지 않을까 두려워했습니다.

오랫동안 재앙의 불길이 위협해 왔지만, 우리가 길고 심각한 전쟁에 휘말리는 상황에서 벗어났다는 것은 놀라운 일입니다. 무역과 상업이 평화의 바다에서 성공적인 항해를 했습니다.

그러나 실제 전쟁의 폭풍이 그 바다를 요동치기 전에도 만연하는 전쟁의 위협은 불안한 심리를 형성하여 우리나라의 번영에 심각한 피해를 줬습니다. 전투의 위협이 단지 표면만을 뒤흔들지만, 사람들은 앞으로 나가는 데 힘들어하고 때로는 뒷걸음질하기도 합니다. 사람들은 병아리처럼 소심해져서 작은 문제나 소식에도 펄럭입니다. 정치적 동요는 수천 가지 방법으로 국가의 번영을 막습니다.

이 외에도 우리는 실제로 적어도 두 번의 전쟁에 참여했습니다. 전쟁은 확실히 비용이 많이 들고 의심스러울 정도로 이기적입니다. 이 두 싸움에서 우리는 영예를 얻을 수 없었습니다. 강한 자는 약한 자를 습격하기 때문입니다. 명예를 소중히 여기는 국가라면 우리보다 훨씬 약한 국가를 제압하고선 월계

관을 쓸 수는 없을 것입니다.

우리는 두 나라를 하나씩 침략했습니다. 강한 힘을 이용했습니다. 미래에 대한 위험 때문이라는 것을 이유로 해서 말이죠. 우리의 침략 행위는 우리 군인들의 피뿐만 아니라 우리 노동자들의 힘줄과 땀으로 대가를 받아야 합니다.

예술을 지원하고 인류의 안락함과 발전을 촉진하기 위해 갔어야 할 산업은 무기 제조에 허무하게 투자했습니다. 우리 아이들에게 먹여야 할 음식은 사자의 입에 던져졌습니다. 전쟁이 삼켰습니다. 전쟁의 악한 기운은 힘을 얻어 더욱 탐욕스러워지게 되었습니다. 우리는 많은 일에 간섭했고 우리 함대나 군대로 적어도 지구 인구의 3분의 1을 위협했습니다. 이런 전쟁은 그 이유가 무엇이든지 심각한 재난으로 발전합니다.

이 모든 전쟁의 이면에는 무역 침체가 있었습니다. 도처에 불평이 쏟아졌습니다. 물론 이유는 있습니다. 상인들은 고군분투합니다. 그들은 '양심에 걸림돌이 되지 않는 방법으로 장사할 수 있을지' 의아해합니다. 많은 사람이 지금 계획하고 수고하지만 돌아오는 것은 거의 없습니다. 사업은 침체기에 접어들었고, 어떤 사업은 문을 닫았습니다. 사람들은 슬퍼합니다. 사람들의 마음은 두려움에 사로잡힙니다. 흑암의 시간을 보냅니다. 우울한 날입니다. 먹구름이 가득한 날입니다. 이뿐만 아닙니다.

농업은 어떤가요?

하늘은 돕지 않습니다. 가축에게 매우 필요한 건초가 수확되지 않습니다. 이제 곡물에도 큰 위험이 닥칩니다. 비가 끊임없이 계속 내린다면, 맛있는 과일은 꿈도 꾸지 못할 것입니다. 농부들은 통곡하기 시작했고, 맑은 날씨를 위해 모든 교회가 기도해야 한다는 목소리가 높습니다. 하나님이 이 환난의 시간에 우리 땅을 보시고 우리를 구원하시기를 기원합니다. 수많은 사람이 고통과 파멸의 시간을 맛보아야 하기 때문입니다. 바로 지금, 이 순간 기도는 절실하게 필요합니다.

첫 번째 문제, 즉 호전적 정책의 경우, 하나님이 은혜 베풀어 주시면 변할 수 있습니다. 더 나은 원칙이 나오고 우리는 더 이상 전쟁을 즐기는 호전적 나라가 되지 않을 수 있습니다.

"하나님, 속히 우리의 기도를 들어 주소서!"

그러나 다른 두 가지 문제에 관해서 우리는 무엇을 할 수 있습니까?

우리는 무역을 촉진할 힘이 없습니다. 우리는 확실히 천국의 물주머니를 (욥 38:37) 유지할 힘이 없습니다. 하나님의 뜻이라면 날마다 구름이 모여서 우리 밭을 비로 풍성하게 적실 것입니다. 하나님의 뜻이라면 들판에서 곡식이 썩을 때까지 대홍수가 뒤따를 것입니다. 그러므로 기도해야 합니다.

그러나 어떤 사람은 어떤 경건한 말을 반복하면 반드시 비가 그치고 날씨가 좋아지리라고 확신한 것처럼 기도하기를 원합니다. 저는 이에 동의하지 않습니다. 반드시 기도를 드려야 합니다. 그러나 특정한 조건에서만 기도가 효과적입니다. 저는 하나님이 응답해 주실 것 같은 기도 제목이 응답받지 않고 오히려 하나님의 심판 위협이 우리에게 임할 수 있는 충분한 이유를 압니다.

저는 오늘 아침 기도에 대한 경고의 말씀을 하려고 합니다. 교회나 다른 장소에서 기도문이나 어떤 형식적인 문장을 즉흥적으로 읽는 행위가 하나님의 마음을 움직이리라는 근거 없는 확신을 갖지 말아야 합니다.

진정한 기도의 힘을 저보다 더 철저하게 믿는 사람은 거의 없습니다. 그리고 저는 기도의 효과를 의심의 여지가 없을 정도로 여러 가지 놀라운 방법으로 시험하고 증명했습니다. 그러나 여전히 속지 않기 위해서는 우리의 지적 능력을 사용해야 합니다. 우리의 기도가 응답받지 않을 수도 있다는 사실을 알아야 합니다. 어떤 경우에는 하나님이 기도에 응답하지 않으신다는 사실을 기억하시기 바랍니다. 성경은 말합니다.

> 그들이 그 죄를 뉘우치고 내 얼굴을 구하기까지 내가 내 곳으로 돌아가리라 (호 5:15).

만일 그렇다면 우리가 회개하기 전에는 기도 응답이 없을 것입니다.

때때로 하늘은 황동이며 그들의 부르짖음이 울려 퍼지고 그들 자신의 귀로 돌아옵니다. 그들이 복을 받지 못한 것은 아니지만, 여전히 그들이 중보기도를 한 사람들에 대한 가시적 응답은 없습니다. 하나님은 모든 종류의 기도를 다 듣지는 않으십니다. 왜냐하면, 그분은 그분의 종 이사야를 통해 이렇게 말씀하시기 때문입니다.

> 너희가 손을 펼 때에 내가 내 눈을 너희에게서 가리고 너희가 많이 기도할지라도 내가 듣지 아니하리니 이는 너희의 손에 피가 가득함이라 (사 1:15).

때로는 중보기도도 소용없습니다. 예레미야 선지자는 말합니다.

> 모세와 사무엘이 내 앞에 섰다 할지라도 내 마음은 이 백성을 향할 수 없나니 … (렘 15:1).

다윗은 틀림없이 그에게 내려진 죄의 형벌에서 벗어날 수 있도록 간절히 기도했지만 응답받지 못했습니다. 그는 백성의 숫자를 세는 죄를 범했었죠. 그는 세 가지 벌 중 하나를 반드시 선택해야 했습니다. 피할 수 없었습니다. 하나님은 이스라엘 백성을 병으로 반드시 치셔야 했고, 또한 치실 것입니다.

기도만이 그들의 유일한 희망이었지만, 그것조차도 징계를 막지 못할 수 있습니다. 저는 비가 그치도록 하나님께 기도하지만, 비가 계속 내린다고 해도 이는 주님이 우리를 도우실 수 없거나 기도에 응답하지 않으시기 때문이 아닙니다. 또한, 하나님은 진노를 멈추실 수 있을 뿐만 아니라 우리의 유익을 위해 먼 안목에서 우리에게 벌을 내리기로 결심하실 수도 있다는 점을 기억하시기 바랍니다.

분명 우리는 국가적으로 너무 많은 번영을 누렸습니다. 안일함과 풍요로움은 교만과 사치를 낳고 이는 국가의 정신을 약화했을 것입니다. 이 은혜로운 나라가 여전히 자유와 복음 진리의 요새가 되려면 북방의 역경을 다시 견디는 것이 절대적으로 필요했을 것입니다. 과거 북방의 역경은 국가의 마음을 강화했습니다. 우리나라가 선한 유익을 위해 고통받는 것은 이번이 처음은 아닙니다.

저는 제 조국이 병들지 않기를 바랍니다. 그러나 우리 국민이 어려움이 아니고서는 하나님을 기억하지 않는다면, 우리를 향한 하나님의 사랑스러운 마음은 역경을 보내실 것입니다.

교만한 불신앙으로 참된 종교가 먼지 속으로 사라지고, 천한 교황이 우리 민족 교회를 차지하게 하며, 전 국민은 창피한 줄도 모르고 술에 취하고, 더럽고 추한 말을 하며, 정부의 사랑을 받는 한 기독교 종파가 다른 기독교 종파보다 계속해서 특혜를 받고, 우리나라가 약한 나라의 피를 흘리게 하고 우리의 땅이 아닌 곳에 우리 군대를 보낸다면, 주님이 벌을 내리셔도 전혀 이상하지 않습니다. 또한, 의인도 하나님의 동정심에 호소할 근거를 찾기 어려울 것입니다.

우리는 다른 이유로 용서를 기대할 수 있습니까?
용서해 달라고 말할 수 있습니까?

가혹한 채찍으로만 우리나라가 악행을 버리게 할 수 있다면 "매를 때리지 않는 것"보다 "매를 때리는 것"이 공의의 엄정한 평결일 것입니다.

본문에서 하나님은 잘못을 범한 백성의 호소에 귀를 기울이지 않으시고, 그들이 범죄를 인정하고 그분의 얼굴을 찾을 때까지 나타나지 않으시겠다고 선언하십니다. 하나님은 현재 우리나라에도 그럴 수 있습니다. 만약 그렇다면 우리는 공적으로 기도하는 것 이상의 그 무엇인가를 해야 합니다. 경건하고 형식적이며 공적인 어떤 것을 하는 것보다 더 철저하고 더 어려운 무엇인가를 해야 합니다.

그러나 어떤 사람은 "범국가적으로 기도해야 한다"고 말합니다. 저도 그러기를 바랍니다.

그러나 사람들이 그렇게 할까요?
그렇지 않다면 단순한 기도가 무슨 소용이 있겠습니까?
사람들은 정의롭고 옳은 일을 하려는 열망이 있을까요?
영국의 정책이 결코 약자를 짓밟거나 자기 이익을 위해 다툼을 일으키지 않는다는 선언을 할까요?
정의와 공의가 아닌 영국의 이익이 우리의 이정표가 되어야 한다는 원칙이 혐오스러울까요?

사적 이익은 잘못을 저지르는 것에 대한 변명이 될 수 없습니다. 만일 그렇다면 우리는 가장 나쁜 도둑을 죄 없다고 선언해야 합니다. 왜냐하면, 그들은 사적 이익이 생기기 전까지는 침입하지 않을 것이기 때문입니다. 아마도 한밤중의 강도는 다른 강도가 그 전리품을 빼앗아 자기보다 더 나쁘게 사용할까 봐 두려워 절도를 저질렀을 뿐이라고 변명할 수 있기 때문입니다.

우리나라의 유익만을 추구하는 정책을 쓴다면, 더 이상 명예와 존귀함은 이 나라에 존재하지 않습니다. 그런데 소수만이 저와 같은 마음일까 봐 두렵습니다.

우리나라는 이런 죄 하나라도 회개할까요?

에스라 시대에 큰비를 맞이했던 예루살렘 백성처럼 정신을 차리고 하나님 보시기에 옳은 일을 할까요?

애원하는 마음으로 강력한 개혁을 한다면 우리의 기도가 승리를 이끌었다고 확신할 것입니다. 그러나 죄가 영광을 받는다면, 저의 희망은 사라질 것입니다.

모든 사람이 기도의 힘을 믿을까요?

그렇지 않을 것입니다. 슬픈 일이지만, 저는 진실을 말하지 않을 수 없습니다. 아무리 기도해도 바람과 구름에 영향을 미칠 수 없다고 말하는 사람이 많습니다. 날씨는 어떤 법칙이 지배하고 기도는 그 법칙을 바꿀 수 없기 때문이라고 합니다. 그러므로 이런 주장을 하는 사람들은 기도하지 않습니다. 비록 무신론자라고 선언하지 않지만, 현실적으로 무신론자처럼 사는 사람이 많습니다.

그러면 그처럼 많은 사람이 기도를 완전히 무시하는데 어떻게 기도가 보편적 행위라고 할 수 있을까요?

니느웨를 생각해 보십시오. 요나가 그 큰 성을 위협하자, 그들은 회개하고 심판이 철회되었습니다.

그 성 주민은 어떻게 자신을 낮추었습니까?

왕좌에 앉은 왕으로부터 들짐승에 이르기까지 다 굵은 베옷을 입고 금식하며 하나님께 부르짖었습니다. 그러자 하나님은 그들의 부르짖음을 들었습니다.

우리도 하나님께 그들처럼 부르짖습니까?

저는 그렇게 생각하지 않습니다. 반항이라도 하듯이 수백만의 입술은 굳게 다물고 있습니다.

그러나 기도해야 하는 사람들은 어떻습니까?

열렬한 기도로 하늘의 문을 열거나 닫을 수 있는 엘리야와 같은 사람일까요?

우리는 드려지는 기도에 큰 확신을 두지 않습니다.

기도하는 자의 십분의 일의 믿음으로 기도를 반복합니까?

그렇게 되기를 바랍니다. 많은 사람은 공적 기도를 완전히 터무니없는 것으로 간주할 것입니다. 더 많은 사람이 그런 기도를 단순히 형식적인 것으로 여길 것입니다.

그러면 무엇을 해야 합니까?

이것을 해야 합니다. 한 나라의 모든 희망은 그 나라에 사는 참신자에게 있습니다. 소돔을 생각하십시오.

의인 열 명이 있었다면 구원받지 않았을까요?

여러분은 세상의 소금이요, 여러분으로 인해 소금이 보존되는 줄 알기 바랍니다. 우리는 하늘나라 사람이니 세상 사람들의 걱정거리와 아무 상관이 없다고 말하는 자들의 정신 상태를 혐오합니다. 더 비기독교적인 자세, 더 이기적인 자세는 절대로 영적 생각을 저하하지 않습니다.

유대인들이 어디에 흩어져 거주하던지 그들은 그들이 거주하는 백성의 유익을 위해 살라는 명령을 받았습니다. 다음은 예레미야가 전한 여호와의 말씀입니다.

> 너희는 내가 사로잡혀 가게 한 그 성읍의 평안을 구하고 그를 위해 여호와께
> 기도하라 이는 그 성읍이 평안함으로 너희도 평안할 것임이라(렘 29:7).

확실히 그리스도인은 유대인보다 더욱 관대해야 합니다. 여러분은 여러분이 사는 곳이 완전히 사라지기 전에는 어떤 식으로든 여러분의 책임을 회피할 수 없습니다. 여러분이 책임을 다하지 않아서 그들이 고통을 겪는다면 여러분은 유죄로 판명될 것입니다. 여러분은 여러분이 사는 나라의 일부이며 그 나라의 보호와 특권을 공유하고 있으며, 기독교인으로서 진리와 의를 증진하기 위해 그 가운데에서 할 수 있는 모든 일을 해야 합니다.

그다음에는 무엇을 해야 할까요?

이제 우리는 어떤 행로를 따라가야 합니까?

모세와 예레미야와 다니엘이 전에 한 것처럼 우리도 백성을 대신하여 죄를 자복합시다. 여러분은 제가 말한 죄를 죄로 여기지 않을지 모르지만, 여러분은 여러분 주위에서 이런저런 죄를 충분히 보고 있습니다.

대제사장이 백성을 위해 성소에 들어간 것같이 여러분도 제사장이 되어 조용히 경건한 마음으로 사람들의 죄악을 하나님 앞에 가져가십시오. 하나님 앞에서 이 민족의 죄를 고백하십시오. 회개하지 않은 죄를 회개하십시오. 하나님 앞에 성별한 헌신한 자로서 가장 높으신 분 앞에서 엎드려 죄를 고백하십시오. 성도는 백성을 위한 하나님의 중재자임을 기억하십시오.

갈멜로 올라가서(왕상 18장) 하나님께 구원해 달라고 부르짖으십시오. 여러분은 하나님께 어떻게 부르짖는지 아십니다. 여러분이 이 백성을 위해 기도하고, 백성의 죄를 사하여 주시고 벌을 내리지 마시라고 주님께 간구하면, 여러분 모두, "무엇에든지 참되며 무엇에든지 경건하며 무엇에든지 옳으며 무엇에든지 정결하며 무엇에든지 사랑받을 만하며 무엇에든지 칭찬받을 만하

게" 말과 생각과 행동을 올바르게 실천하게 될 것입니다.

하나님과 동료 인간을 사랑하십시오. 그리고 그렇게 하기 위해 모든 노력을 기울이십시오.

저는 나라를 위해 하나님의 보좌 앞에서 기도하는 사람들보다 더 큰 축복, 현재를 위한 더 진실한 보호, 위대한 미래를 위한 더 확고한 안전을 가져다줄 수 있는 것은 아무것도 없다고 믿습니다.

지금까지 저는 여러분 마음에 부담이 되는 말을 했습니다. 하고 싶은 대로 하십시오. 주님 위에는 아무것도 두려워하지 않는 백성을 위한 사랑의 경고를 솔직하게 했습니다. 제가 정치적 편견으로 말했는지 아닌지 여러분이 판단하고 책망해도 좋습니다. 저는 이보다 덜 심하게 말할 수 없었습니다. 그랬다면 마음의 평화에 아무런 동요도 일으키지 않았을 테죠. 하나님 앞에서 저는 이 일에 대해 정직합니다.

저의 미약한 울부짖음이 진리를 느껴야 하는 사람들의 마음에 감동을 줄 수 있도록 하나님이 허락하시기를 빕니다. 저는 사실 그다지 낙관적이지 않습니다. 왜냐하면, 우리는 악한 시대에 빠졌고 백성의 마음은 완악해졌기 때문입니다.

2. 개인적 시련

형제자매 여러분!

이제 하나님의 길에 관해 영적으로 서로 대화합시다. 주님은 주님의 백성을 버리지 않으실 것입니다. 여러분의 잘못에도 불구하고 여러분은 그분의 자녀이며 영원히 그분의 자녀가 될 것입니다.

그러나 하나님은 당신의 자녀가 죄를 지으면 반드시 징계하십니다. 하나님은 원수들을 잠시 내버려 두시지만, 그분의 자녀는 징계하십니다. 그의 원수는 종말이 와야 처벌받을 것입니다. 그러나 하나님이 사랑하시는 자녀들에 관해서는 심하게 질투하십니다. 그들이 죄를 지으면 매를 대십니다.

주님이 최근에 징계하셨습니까?
어려움을 겪고 있습니까?
아니면 사자가 평화를 찢고 있습니까?

하나님이 책망하실 때 주의를 기울이십시오. 속히 회개하고 하늘 아버지의 얼굴을 구하는 것이 좋습니다.

다음에 주의하십시오. 아무리 징계해도 소용없을 때, 하나님은 징계를 철회하십니다. 주님은 당신의 백성을 떠나지도, 완전히 버리지도 않으시겠다고 약속하셨지만, 철회는 그 약속에 포함되지 않습니다.

하나님은 당신의 종들에게 자신을 숨기시어 그들이 그분과 의식적으로 교제하지 못하고 그분의 말씀을 누리지 못하며 기도할 능력이 없게 하실 수 있습니다. 사실 사람들은 기도하지만, 하나님은 그들의 기도를 무시하십니다. 그들의 삶은 황폐하고 생기가 없게 됩니다. 기쁨과 평화가 사라집니다.

그들은 아마도 그런 시간에 세상에서 즐기면서 손실을 만회하려고 할 것입니다. 그들은 그런 공허한 허영심에 빠져 있습니다. 은혜는 그들이 땅의 곡식과 포도주에서 영혼의 양식을 찾을 수 없게 했습니다. 그들은 하나님과 죽음 둘 중 하나를 선택해야 합니다.

저는 가장 엄숙한 마음으로 말하지 않을 수 없습니다. 하나님이 신자에게서 물러나신 것은 매우 슬픈 일입니다. 사람이 거룩할수록 지금 자신이 구름 아래 있다는 사실에 더욱 슬퍼할 것입니다. 하나님의 이런 철회가 고통스럽게 느껴질 때, 우리는 죄의 근원이 되는 죄를 가장 열렬히 조사해야 합니다.

성도 여러분!

사랑하는 하나님과 자신 사이에 다툼이 생긴다면 원인이 없겠습니까?

우리 주 예수님은 신부가 변덕스러운 사랑을 하도록 내버려 두지 않으십니다. 절대로 그렇게 하지 않으십니다. 그분은 우리를 절대로 가볍게 여기지 않으시며 우리의 사랑을 신성하게 여기십니다. 사랑하는 주님이 눈살을 찌푸리실 때는 분명 중대한 이유가 있는 것입니다.

이제 자신을 철저히 살피고 집 안을 정리하며 넘어지게 하는 모든 물건을 깨끗하게 하십시오. 마음과 명철과 입술을 철저히 살펴서 죄가 발견되면 드러내 제거하십시오. 죄를 하나님 존전에 놓고 고백하며 애통하기를 바랍니다. 사과도 변명도 해명도 하지 말고 솔직하게 잘못을 자백하고 내버려 두십시오. 우상들을 끌어내고 그것들이 여러분에게 준 상처를 보십시오.

여러분이 흠뻑 빠진 것이 무엇입니까?

여러분과 하나님 사이를 가로막는 것들이 무엇입니까?

그것들을 사랑함으로 하나님의 존재에서 멀어져야 하는 대가를 치렀다면, 여러분은 그것들에 관해 수치심을 느낄 것입니다. 유다가 받았던 은화는 이 보잘것없는 뇌물보다 더 천박하다고 할 수 없습니다. 여러분의 마음이 배신한 사실에 한탄하십시오.

그러나 사랑하는 여러분!

하나님과 멀어지게 하는 죄를 깨닫고 온전히 회개한 후에는 소망과 담대함으로 주님을 찾으십시오. 이 모든 것에도 불구하고 여러분은 여전히 하나님의 자녀입니다. 절망에 빠져서는 안 됩니다. 여러분은 그리스도와 결혼했으며 이혼할 수 없습니다. 그분은 여러분을 영원히 버리지 않으며 잘못을 범한 배우자를 내치지 않으십니다.

그러므로 겸손한 확신으로 그분께 나아오십시오. 그분은 찌르고 치유하실 것입니다. 그분은 우리를 치시고 상처를 싸매 주실 것입니다. 그분의 얼굴을 구하십시오. 그분의 얼굴이 여러분을 향하고 있습니다.

하나님의 얼굴은 바로 예수 그리스도이십니다. 우리는 하나님의 아들을 통해 아버지를 봅니다. 사람의 얼굴을 통해 그 사람을 보듯, 그리스도를 통해 하나님을 봅니다. 그리스도 예수 안에서 하나님을 찾으십시오. 그리하면 좋은 것이 여러분에게 임할 것입니다. 그분은 여러분을 거절하지 않으실 것입니다.

여러분은 그분의 사랑에서 벗어날 수 없습니다. 그분이 돌이켜 여러분을 불쌍히 여기시리니 이는 그분이 긍휼을 기뻐하시기 때문입니다. 그분이 물러가시면 여러분은 그분을 갈망하고 찾을 뿐입니다. 그분은 항상 우리 가까이에 계시며, 우리 곁에서 발견될 것입니다.

오, 배교자여!

예수님은 당신에게 은혜를 베풀기를 기다리십니다. 그분은 당신의 회복을 갈망하십니다. 오직 당신의 허물을 인정하고 그분께 돌아오십시오. 담대하게 받아들이십시오. 이는 그분이 자기에게 오는 자를 절대로 내쫓지 않으시기 때문입니다. 더 이상 배교하지 마십시오. 더 이상 불행하지 마십시오. 하나님은 여러분이 바로 오늘 일어나 하나님과 더 가까이 동행하도록 도우시며 여러분을 영원히 자기 옆에 두기를 원하십니다.

하나님과의 교제에서 멀어진다는 것은 마음이 영적 질병 상태에 있음을 의미합니다. 우리가 하나님께 잘못했을 때 내적으로 잘못되었음이 틀림없습니다. 하나님이 빛 가운데 계시듯이 우리가 빛 가운데 행하지 않을 때 영혼의 눈에는 어떤 악이 있습니다. 악을 미워하고 치유해 달라고 부르짖으십시오.

하나님에게서 멀어진다는 것은 영적으로 약한 상태에 있음을 뜻합니다. 삼손은 주님이 자신에게서 떠나셨을 때, 다른 때와 같이 몸은 움직일 수 있지만, 그는 아무 힘도 행할 수 없었습니다. 하나님은 우리의 힘이십니다. 하나님이 떠나면 우리는 물처럼 약하게 됩니다. 주님이 우리를 떠나시면 우리는 그분께 간구할 수도 없고 승리할 수 없습니다. 사람들을 그리스도께로 이끌 수 없습니다.

하나님과의 교제가 중단되었을 때 우리의 능력은 하나님께로나 사람에게나 발휘할 수 없습니다. 우리의 마음은 산 위의 어린 노루처럼 뛰놀지 못합니다. 우리의 영은 뼈가 부러진 자 같이 꺾입니다. 우리는 성령이 나타내시는 영광을 볼 수 있는 진주 문으로 들여다보지도 못합니다. 우리 눈이 어두워서 예수님이 계시지 않을 때 멀리 볼 수 없기 때문입니다.

당신이 이런 상태에 있다면 당신의 상황은 나쁩니다. 부담감, 근심 걱정이 당신을 괴롭히고, 짜증 나게 하며, 화나게 합니다. 사탄은 당신을 고발하고, 양심이 떨립니다. 당신의 영은 육신에 속한 사람의 영과 같아서, 당신의 입술은 무분별한 말을 하기 쉽고 모든 외적 영향에 쉽게 움직입니다.

설상가상으로 사람이 하나님과의 교제가 단절되어 뻔뻔스러운 죄를 범할 위험에 처합니다. 다윗은 궁전 옥상을 걸을 때 하나님과 동행하지 않았습니다. 만약 하나님과 동행했다면 아래에 있는 밧세바를 보았다고 해서 그렇게 심하게 무너지지는 않았을 것입니다. 그리스도와의 교제가 단절되면, 당신의 품성은 더럽혀지고, 삶은 끔찍하게 손상될 위기에 처하게 될 것입니다.

우리는 하나님께 가까이 있을 때만 안전합니다. 그러므로 위험을 감지하고 즉시 그분께 가까이 가십시오. 제 경험뿐만 아니라 많은 사람을 광범위하게 관찰해서 얻은 결론입니다. 하나님에게서 떨어진 거리와 유혹과 죄 사이에는 단 한 걸음만 있습니다.

하나님께서 당신을 많이 사랑하신다면 당신을 가까이 두실 것입니다. 그렇지 않으면 당신은 비참하게 될 것입니다. 하나님은 당신이 하나님 외에 다른 어떤 것에서도 기쁨을 얻는 것을 허락하지 않으십니다. 하나님이 당신을 소유하실 만큼 당신을 사랑하지 않으시면, 당신이 그 무엇을 사랑하든지 하나님은 상관하지 않으실 것입니다.

그러나 하나님이 당신을 많이 사랑하실 때 그분은 당신에게 매우 질투하실 것입니다. 그리고 당신이 하나님 없이도 만족할 때, 그분은 배은망덕과 음란함이라는 이유로 당신을 고통스럽게 하실 것입니다.

푸른 초장을 벗어나는 삶, 포장도로에서 벗어나 비포장도로로 달리는 삶, 세상의 달콤한 미혹을 맛보기 위해 그리스도에게서 멀어지는 삶, 행복한 삶이 지겨운 듯 천사처럼 사는 일이 못마땅한 듯 행복의 계단에서 내려오는 일, 이 모든 행동은 고통과 후회를 낳게 할 것입니다.

이런 상태에 처했다면 우리는 부러진 뼈를 가지고 그리스도께 다시 나아가야 합니다. 이보다 더 확실한 치료법은 없습니다. 그런 방황은 고통스럽습니다. 언제 어떻게 끝날지 모릅니다.

다윗이 죄를 짓기 전의 삶과 그 후의 삶이 얼마나 다른가요? 당신은 그가 죄를 범하기 전에 지은 시를 구별할 수 있을 것입니다. 그런 시는 즐거움, 거룩한 기쁨으로 가득 차 있습니다. 그러나 죄를 범한 후에 지은 시를 보면, 무겁습니다. 그는 자기 하나님을 사랑합니다. 그러나 그의 하나님에 대한 사랑은 기쁨으로 찬란하게 반짝이는 사랑이 아니라 엄숙하고 눈물 흘리는 회개의 사랑입니다.

내 사랑하는 형제들이여!

실수하지 마십시오. 오류는 슬픔을 가져오기 때문입니다.

3. 죄인의 개인적 시련

오, 아직 회개하지 않은 여러분!

하나님이 여러분을 구원하길 원하신다면, 머지않아 여러분의 몸과 마음을 징계하실 것입니다. 당신은 어려움에 부닥칠 것입니다. 당신은 방황하는 양이며 하나님은 당신을 우리로 데려오기 위해 늑대가 뒤쫓게 하실 것입니다. 한 가지로 해결되지 않으면 다른 문제가 발생하고 또 다른 문제가 발생하게 하십니다.

여러분 중 누구는 이미 섭리의 징벌과 양심의 가책을 겪고 있을지도 모르겠습니다. 그렇다면 이제 깨어나서 사소한 일에도 주의를 기울이십시오. 이 열렬한 설교 후에, 또는 영감받은 성경을 읽은 후에 당신은 기도하기 시작하고, 당신의 욕망과 감정은 이제 가라앉습니다.

저는 당신이 이것에 대해 크게 슬퍼하기를 바랍니다. 하나님은 당신에게서 자신을 완전히 거두실 수도 있습니다. 이는 당신이 생각하는 것보다 더 끔찍한 재앙이 될 것입니다. 그 재앙을 피하지 않는다면, 당신은 파멸의 길로 가게 될 것입니다.

여러분 중 누구는 한때 양심의 가책으로 괴로워했지만, 이제는 냉담해진 분도 있을 것입니다. 그렇다면 바로 지금 주님을 찾아야 합니다. 전에 하나님의 매를 맞았을 때, 선한 행동을 하고, 교회에 출석하여 예배에 참여하며, 성례전에도 참여했을 것입니다. 이제 하나님께 돌아가십시오. 그렇지 않으면 계속 그릇된 길에 있게 될 것입니다.

목사나 성례나 종교를 바라보는 것은 헛된 일입니다. 이 모든 것을 다 더해도 아무것도 아닙니다. 당신은 당신의 하나님과 친밀한 교제를 해야 하고, 죄를 그분께 고백해야 합니다. 그렇지 않으면 영원한 파멸에 이를 것입니다. 오늘 아침에 곧바로 하십시오.

하나님과 화해하기를 소망하십시오. 하늘과 땅을 지으신 위대하신 하나님과 화목하기를 갈망하십시오.

왜 당신의 창조주와 당신의 영혼 사이에 다툼이 있어야 합니까?

하나님의 아들 예수 그리스도의 피를 통해 화해할 수 있습니다. 그러므로 예수님을 믿어야 합니다. 그러면 하나님의 평화를 경험할 것입니다.

오, 성령님이 지금 여러분을 돕기 원하십니다. 당신을 향한 자비와 사랑이 충만하신 하나님을 발견할 때까지 절대로 그치지 않겠다고 결심하면서, 그분을 찾고 또 열렬히 구하십시오. 이제 주님께로 돌아오기를 기도합니다. 그렇게 하도록 성령님이 도우시길 기원합니다.

하나님은 여러분을 때리고 치료하실 것입니다. 하나님은 여러분에게 매를 대시고 상처를 싸매 주실 것입니다. 하나님이 직접 치료하지 않으시면 여러분은 절대로 낫지 않습니다. 당신의 마음에 고통을 주신 분이 당신에게 위로를 주셔야 합니다. 그렇지 않으면 당신은 절대로 위로받지 못할 것입니다.

즉시 골방에 들어가서 무릎을 꿇고 믿음의 기도로 하나님께 부르짖으십시오. 자신의 죄의식에만 만족하지 마십시오. 절대로 안 됩니다. 당신의 죄의식은 영원한 후회의 소나기에서 내려오는 첫 번째 방울에 불과할 수 있습니다. 그리스도를 통해 하나님께 나아가십시오. 끊임없이 그렇게 하십시오.

하나님은 당신을 만드셨습니다. 그분 없이 당신은 행복할 수 없습니다. 그분이 당신에게 화를 내시면 당신은 평안할 수 없습니다. 그분은 당신이 그분께 나아오라고 명하십니다. 하나님의 섭리를 통해 당신을 징계하시는 이유는 죄에 대한 사랑에서 당신을 분리하고 당신을 하나님께로 인도하시기 위함입니다. 예수님을 믿고 살아가십시오. 하나님은 자기 이름을 위해 여러분에게 복을 주십니다. 아멘.

제4장

제목: 고난에 처한 그리스도인

■ 본문: 시편 88:7

■ 설교 요약

시련 중에 시험을 받은 그리스도인이 견딜 수 있으려면 신속히 성경을 읽어야 한다. 모든 그리스도인은 문제를 과대평가하는 방향으로 잘못을 저지르기 쉽기 때문이다. 우리는 하나님이 우리에게 진노하신다고 믿고 우리가 하나님을 미워하는 경험을 할 수 있다고 잘못 이해하기 쉽다.

우리는 우리의 의로운 진노를 담당하신 분이 그리스도이심을 기억해야 한다. 우리는 하나님이 우리의 길에 두신 시련이 우리를 성화하기 위함임을 기억해야 한다. 시련은 하나님께 영광을 돌리고 우리를 성자의 형상으로 만들어 준다.

■ 이 설교에서 기억할 만한 문구

"우리는 그리스도처럼 되기 위해 기도하지만, 우리가 전혀 슬픔도 모르고 고통을 이해하지도 못한다면 어떻게 그런 사람이 될 수 있겠습니까."

"곤경에 처했을 때 그것으로 인한 즉각적인 유익은 기대하지 마십시오."

"만일 오늘날 당신이 가난의 병이나 육신의 질병, 또는 영의 쇠약으로 인해 어떤 식으로든 오늘 고통받고 있다면, 이 모든 고통에는 하나님의 심판 진노가 한 방울도 없음을 기억하기를 바랍니다."

Spurgeon On Persevering Through Trials

제4장
고난에 처한 그리스도인

> 주의 노가 나를 심히 누르시고 주의 모든 파도가 나를 괴롭게 하셨나이다 (시 88:7).

행복한 양을 돌볼 뿐만 아니라 병든 양을 찾아내고 위로하며 구원을 위해 진지하게 자신을 바치는 것도 목자의 일입니다. 그러므로 저는 곤경에 처한 사람들과 이야기하는 것이 저의 특별한 사역이라고 생각합니다. 믿음과 확신이 충만하고 하나님 안에서 행복하고 기뻐하는 사람들은 약한 형제를 위해 이 말씀을 들어야 합니다.

여러분의 분깃 없이도 기쁘고 감사할 수 있으니 이는 마음이 낙심하는 자들이 위로의 포도주를 두 배나 받기 때문입니다. 더욱이, 저는 가장 즐거운 그리스도인이라 할지라도 순식간에 도둑처럼 오는 어두움의 날을 기억하는 데 있어 이 말씀보다 더 나은 것은 없기 때문입니다.

"그날의 수는 많습니다."

죽어 가는 친구들에 대한 기억이 구름처럼 우리에게 다가오듯이, 세상에 환난과 고난이 있다는 기억이 우리의 기쁨을 잠잠하게 하고, 시간과 감각을 위한 것들에 대한 우상 숭배로 퇴화하는 것을 방지할 것입니다.

잔칫집에 가는 것보다 상가에 가는 것이 여러 가지 이유에서 더 낫습니다. 오늘날 행복으로 가득 찬 당신은 약간의 거룩한 경고와 위안이 마음에 어떤 동요도 일으키지 않을 수 있습니다. 슬픔에 관한 오늘 아침 설교는 여러분에게 몇 가지 생각을 제안할 것입니다. 소중히 간직하면 여름 과일처럼 익고 겨울이 올 즈음에는 부드러워질 것입니다.

가장 위대한 하나님의 종은 가장 낮은 위치에 섭니다. 성경 이야기를 읽거나 선한 사람들을 아는 모든 사람은 이것을 잘 압니다. 참된 종교는 현세의 번영을 약속하지 않습니다. 인간으로서 하나님의 백성은 사람에게 있는 일반적인 일을 다 겪습니다.

이는 괴로움이 아니겠습니까?

네, 그렇습니다. 그리스도인에게는 고유한 어떤 슬픔이 있습니다. 불경한 자들에게도 그들만이 경험하는 독특하고 쓰라린 괴로움이 있습니다. 이것을 생각할 때 피차일반입니다.

성도도 자주는 아니지만, 때때로 처음부터 끝까지 기쁨의 음표가 하나도 없을 정도로 슬픈 노래를 불러야 했습니다. 그러나 가장 메마른 겨울밤에도 성도는 그들 하늘에 오로라를 가지고 있으며, 모든 시편 중에서 가장 메마른 이 시편의 첫 구절에는 희미한 빛이 있습니다. 그 빛은 문지방을 넘습니다.

"주님, 나의 구원의 하나님!"

헤만[에스라 사람]은 그의 하나님을 붙들고 있었습니다. 그의 마음은 완전히 어둡지 않기 때문에 "나의 하나님"이라고 부르짖을 수 있었습니다. 하나님의 자녀가 아무리 밑바닥으로 내려가도 여전히 자기 하나님을 붙들고 있습니다.

"그가 나를 치실지라도, 나는 그를 의지하겠습니다"(욥 13:15)라고 그는 영혼의 결의를 합니다.

여호와는 나를 치실지라도 그분은 나의 하나님이십니다. 그분은 내게 눈살을 찌푸리시지만, 그분은 나의 하나님이십니다. 그분은 나를 진토에 짓밟으시며 죽은 자와 함께 가장 낮은 구덩이에 두실지라도 그분은 여전히 나의 하나님이시니 내가 죽기까지 그분을 부를 것입니다. 그분이 나를 떠날 때 나는 "나의 하나님, 나의 하나님, 어찌하여 나를 버리셨나이까"라고 부르짖을 것입니다.

더욱이 신자는 최악의 상황에서도 여전히 기도합니다. 아마도 슬픔으로 인해 더욱 간절히 기도합니다. 하나님은 자기 자녀를 쫓아내기 위해서가 아니라 자기에게 오도록 하기 위해 막대기로 때리십니다.

우리의 슬픔은 우리를 반석으로 몰아가는 파도입니다. 시편 88편은 기도로 가득 차 있습니다. 이는 슬픔으로 짜게 된 것 같이 간구로 달게 되었습니다. 이제 사람이 기도하는 동안은 절대로 빛에서 멀리 떨어지지 않습니다. 그는 아직 창가에 있지만, 아직 커튼을 옆으로 치우지 않은 것 같습니다.

기도할 수 있는 사람은 고난의 미궁에서 벗어날 수 있는 단서를 손에 가지고 있습니다. 우리는 기도하는 사람이 겨울의 나무처럼 마음이 크게 번민할 때 "그 잎사귀를 잃었으나 그 속에 실재가 있다"고 말할 수 있습니다.

기도는 영혼의 호흡이며 호흡하면 살아 있습니다. 살아서 다시 힘을 모읍니다. 사람이 계속 기도할 수 있는 동안에는 그 안에 참되고 영원한 생명이 있음에 틀림없습니다. 그런 생명이 있는 동안에는 확실한 소망이 있습니다.

여전히 하나님의 가장 훌륭한 자녀도 가장 큰 고통을 당할 수 있습니다. 그의 고통은 짓밟고 죽이고 엄청난 것처럼 보일 수 있습니다. 또한, 그것은 평생 따라 따라다닐 수 있습니다. 괴로움은 상상할 수 없을 정도로 강렬할 수 있습니다. 이 슬픔의 시는 바로 이것을 가르칩니다.

1. 해설

첫째, 시험받은 성도가 그들의 고난을 과대평가하는 경향이 있다는 말을 강하게 암시합니다. 저는 우리가 모두 그런 실수를 한다고 믿습니다. 성령의 감동으로 본문을 쓴 하나님의 사람은 이 부분에서 감동했는데, 이는 자신의 경우를 과장했기 때문입니다. 그의 말에 귀를 기울이십시오.

"주의 노가 나를 심히 누르시고"라고 했습니다.

저는 헤만이 "노"(진노)라는 단어를 가장 심각한 경우를 나타내는 의미로 썼다는 데 의심의 여지가 없습니다. 그는 하나님이 경건하지 않은 자들에게 진노하심같이 그에게 진노하시고 화를 내신다고 믿었습니다.

그러나 그것은 사실이 아니었습니다. 나중에 보겠지만, 하나님의 자녀에 대한 진노와 그분의 원수에 대한 진노 사이에는 매우 큰 차이가 있습니다. 헤만은 그 차이를 충분히 구분하지 못했다고 생각합니다. 그런데 지금도 많은 하나님의 자녀가 역시 이를 잊어버리고 주님이 엄격한 공의로 그들을 벌하시는 것을 두려워합니다.

아, 불쌍하고 어리둥절한 신자가 이 차이를 이해할 수 있으면, 그들은 그들이 진노라고 부르는 바로 그것이 최고의 선을 추구하는 사랑이라는 것을 알게 될 것입니다.

게다가 시편 기자는 "주의 노가 나를 심히 누르시고"라고 말합니다. 아, 헤만이 하나님의 진노가 그에게 엄습하는 것이 무엇인지 알았다면, 그는 그 말을 철회했을 것입니다. 왜냐하면, 이생에서 사람이 느끼는 모든 진노는 단지 하나님이 새끼손가락을 움직이는 것에 불과하기 때문입니다.

하나님의 진노가 사람들에게 무겁게 임하는 일은 장차 올 세상에서 발생합니다. 참으로 강력한 진노의 압력은 이 구절에 나타나지 않습니다. 특히, 하나님의 자녀는 알지 못합니다. 냉정한 진리의 저울로 무게를 달아 보면 그것은 너무 과장된 표현입니다. 이 세상에 사는 사람 중에 가장 극심한 슬픔을 당한 사람이 이런 말을 했다고 해도, 이는 과장된 표현입니다.

그리고 헤만은 "주의 모든 파도가 나를 괴롭게 하셨나이다"라고 덧붙입니다. 마치 그는 난파선이 되었고 바다가 이 난파선을 덮친 것 같습니다. 온 바다와 모든 대양이 그를 분노의 유일한 대상으로 여겨 대적하는 것 같았습니다. 그러나 실상은 그렇지 않습니다. 하나님의 모든 파도는 인자 외에는 아무에게도 부서지지 않았습니다.

아직 우리가 맛보지 못한 어려움이 남아 있습니다. 우리가 경험하지 못한 불행이 아직 있습니다.

우리 신체가 경험하지 못한 고통이 없습니까?

우리의 영을 아프게 하는 정신적 고통도 있지 않습니까?

우리가 육체적 정신적 고통의 전 영역을 횡단한 것처럼 보이지만 우리 집, 가정 또는 우정에서 어느 정도 위안을 받기 때문에 모든 거친 파도를 경험한 것은 아닙니다.

살아 있는 사람 중에 하나님이 일으키시는 모든 파도가 어떻게 진행될지 문자 그대로 알 수 있는 사람은 아무도 없습니다. 그분의 진노의 폭발을 느끼도록 저주받은 사람들은 어둠과 영원한 허리케인의 땅을 압니다. 그들은 하나님의 모든 파도와 물결이 무엇인지 알지만 우리는 모릅니다. 이 은유는 훌륭하고 감탄할 만하며 시적으로 아주 정확하지만, 글자 그대로 생각하면 무섭습니다.

우리는 모두 슬픔을 더욱 악화하려는 경향이 있습니다. 나는 이를 일반적인 사실로 여기에서 말하지, 고통의 무게를 견디고 있는 사람을 괴롭히려는 의도로 말씀드리는 것은 아닙니다. 그가 이를 마음으로 침착하게 받아들일 수 있다면 그에게 도움이 될 수 있지만 강요한다면 그것은 잔인한 일이 될 것입니다.

말 자체는 맞지만, 그렇다고 해서 고통받는 사람의 귀에 이것을 속삭이는 것은 바람직하지 않습니다. 왜냐하면, 그렇게 하면 위로가 되지 않고, 슬픔을 당하고 있는 사람에게 더욱 큰 괴로움을 주기 때문입니다. 저는 종종 "아, 당신보다 더 고통받는 사람들이 있습니다"라고 말하며 이상하게 위로하는 사람들을 보고 놀랄 때가 있습니다.

다른 사람들의 불행한 소식을 듣고 기뻐해야 합니까?

그렇지 않으면 저보다 더 똑똑한 사람이 있어야 한다고 생각하니 마음이 아픕니다. 저는 다른 사람들이 더 강한 불꽃으로 고문을 당하고 있다는 믿음으로 위안을 찾는 고뇌에 빠진 악인을 상상할 수 있지만, 신자는 그런 악한 위안을 받아서는 안 됩니다.

그러나 그것과 유사하지만, 훨씬 더 정당한 기원이 있는 위안, 즉 존귀하고 신성한 위안이 있습니다. 하나님의 극심한 진노를 받은 분이 있었습니다. 진실로 하나님의 모든 파도로 괴로워하던 분이 있었습니다.

그분은 우리의 형제요, 우리와 같은 사람이며, 우리 영혼을 가장 사랑하시는 분입니다. 그리고 그분은 이 모든 것을 경험하고 고난을 겪으셨기 때문에 오늘 우리에게 닥치는 환난이 무엇이든 우리를 동정할 수 있으십니다.

그분의 고난은 이제 끝났지만, 그는 여전히 우리를 동정하십니다. 그분은 하나님의 진노를 짊어지셨습니다. 우리에게 임할 모든 진노를 돌이키셨습니다. 십자가에 못 박히신 그분을 생각할 때 우리의 영혼은 우리에게 향한 그분의 동정심과 강력한 도움으로 위안을 얻을 수 있을 뿐만 아니라 우리의 시련을 차분한 눈으로 바라보고 올바른 기준으로 더 잘 판단하게 되었습니다.

그리스도의 십자가를 바라볼 때 우리가 지는 십자가는 아무것도 아닙니다. 우리의 육체의 가시는 주님을 찔렀던 못과 창을 생각할 때 아무것도 아닙니다.

둘째, 성도는 모든 시련을 시작하신 분이 하나님임을 알아야 합니다.

헤만은 말합니다.

> 주의 노가 나를 심히 누르시고 주의 모든 파도가 나를 괴롭게 하셨나이다
> (시 88:7).

그는 자기 모든 역경을 자기 하나님 여호와께로 돌이킵니다. 그를 괴롭게 하는 것은 하나님의 진노요, 하나님의 파도입니다. 하나님은 그것들을 통해 그를 괴롭게 하십니다.

하나님의 자녀여!

이것을 절대로 잊지 마십시오. 여러분이 겪는 모든 고통은 하나님의 손에서 옵니다. 여러분은 "나의 고통은 악인에게서 온다"고 말하지만, 하나님의 예정이 있다는 것을 기억하십시오.

무한히 거룩하신 분은 자기 손가락을 더럽히지 않으면서도 악인과 거룩한 천사를 움직이십니다. 불경한 자와 관련하여 하나님이 섭리하신다는 약속이 없다면, 우리는 어쩔 줄 몰라 할 것입니다. 그러면 인간이 겪는 모든 혼란은

전적으로 우연한 것으로 간주해야 하고 사람들은 희망을 잃고 혼란 속에 짓밟힌 채 살아갈 것입니다. 주님은 인간의 자유의지를 조종하지 않으시고, 다스리고 통치하십니다. 그래서 경건하지 않은 자들을 그분의 자녀를 지혜롭게 채찍질하는 손에 든 지팡이로 사용하십니다.

아마도 여러분은 자기 시련이 다른 사람의 죄에서가 아닌 여러분 자신의 죄에서 비롯되었다고 말할 것입니다. 이 경우에도 여러분은 회개하는 마음으로 그것들을 여전히 하나님께 두기 바랍니다. 비록 역경이 죄에서 비롯되었다고 해도, 죄로 인한 슬픔을 주관하는 분도 하나님이시요, 우리 영을 치료하는 분도 하나님이십니다.

두 번째 원인을 바라보거나 깊은 후회로만 그것을 바라보지 마십시오. 먼저 하늘에 계신 아버지께 눈을 돌리십시오.

매가 마련되었느냐니 그것을 정하신 이가 누구인지 들을지니라(미 6:9).

주님은 우리가 이 땅에 사는 동안 선과 악을 보내십니다. 환호하는 태양과 열을 식게 하는 서리, 깊은 고요함, 맹렬한 폭풍이 모두 여호와의 것입니다. 두 번째 원인에 집중하는 것은 종종 경솔하고 매우 하찮은 행동입니다.

사람들은 각 고난에 대해 "그런 일은 예방할 수 있었을 것"이라고 말합니다. 아마도 다른 의사가 치료했다면 사랑하는 아이는 살았겠다고 생각합니다. 아마도 사업을 다른 방향으로 움직였다면, 실패하지 않았으리라 생각합니다.

과연 그런 결과가 나타났을지 어떻게 알까요?

끝없는 추측 속에서 우리는 길을 잃습니다. 우리 자신에게 잔인하게 대하는 것입니다. 불필요한 슬픔만 커집니다. 어떤 가정을 하건 그런 결과가 일어나지 않았을 것입니다.

그런데도 다른 상황을 자꾸 떠올리는 이유가 무엇일까요?

어리석은 짓입니다. 여러분은 최선을 다했고, 일이 그렇게 발생한 것입니다.

그렇다면 왜 엉뚱한 생각을 합니까?

두 번째 원인에 집착하면 마음만 아픕니다. 우리는 더욱 직접적으로 슬픔을 일으킨 사람에게 분개하여, 하나님께 우리 자신을 복종하게 하는 데 실패합니다.

형제여!

당신에게 상처를 준 사람을 용서하십시오. 그는 분명 죄인입니다. 당신이 용서받기를 바라는 대로 용서하십시오. 여러분은 벌을 받고, 그 벌은 하나님에게서 왔습니다. 그러므로 참고 견뎌서 하나님의 은혜를 구하십시오. 우리가 슬픔을 준 사람에게서 마음을 멀리하면 할수록 더 좋습니다. 하나님께 나아가면 은혜로 복종하기 쉽기 때문입니다.

셋째, 고난을 겪는 하나님의 자녀는 고난과 진노에 대한 통찰력을 갖는 것이 좋습니다.

주의 노가 나를 심히 누르시고(시 88:7a).

이것이 헤만이 말하고 싶은 첫 번째 요점입니다. 그는 먼저 진노에 대해 말한 후에야 고난의 파도에 관해 말합니다. 주님이 우리를 왜 치시는지, 징계의 목적은 무엇인지, 그리고 우리는 그 목적에 어디까지 응답할 수 있는지 알아내기 위해 노력해야 합니다. 사물을 분별하려면 예리한 눈이 필요합니다.

분노가 계속되고 진노가 계속됩니다. 어떤 면에서 하나님은 당신의 자녀에게 절대로 화를 내지 않으시지만, 다른 면에서는 화를 내십니다. 인간으로서 우리는 모두 하나님의 법에 불순종했으며 하나님은 심판자로서 우리 모두와 관계를 맺으십니다. 재판관으로서 하나님은 자기 율법의 형벌을 우리에게 집행하셔야 하며, 그분의 본성 때문에 그 율법을 어긴 우리에게 진노하셔야 합니다. 그것은 모든 인류와 관련이 있습니다.

그러나 사람이 주 예수 그리스도를 믿는 순간 그의 범죄는 더 이상 그의 범죄가 아닙니다. 그의 범죄는 대속물이신 그리스도 예수 위에 놓여 있으며, 진노는 죄로 향합니다. 믿는 자의 죄에 대한 하나님의 진노는 그리스도에게로 향했습니다. 그리스도께서 그들을 대신하여 형벌을 받으셨습니다. 그들의 죄로 인한 형벌은 예수 그리스도께서 담당하셨습니다.

하나님은 온 땅의 심판자가 절대로 불의하지 않다고 밝히십니다. 예수 그리스도께서 담당하신 신자의 죄에 대해 다시 신자를 벌하시는 것은 하나님의 정의를 위배합니다. 그러므로 신자는 하나님의 법적 분노를 받지 않아도 됩니다. 지극히 높으신 분에게서 오는 징벌을 받을 위험이 전혀 없습니다. 용서받은 죄인은 무죄를 선고받았습니다.

그런데도 다시 심판받아야 합니까?

그는 빚을 갚았습니다.

그런데도 그가 여전히 빚진 사람인 것처럼 재판관 앞에 또다시 끌려갈까요?

이제 그리스도인은 다른 입장을 취합니다. 그는 하나님의 가족으로 입양되었습니다. 그는 하나님의 자녀가 되었습니다. 그는 하나님 집의 법 아래 있습니다. 하나님의 집 모든 곳에는 하나님의 자녀와 종이 따라야 하는 법이 있습니다. 만일 하나님의 자녀가 집의 법을 어기면 아버지는 채찍으로 죄를 벌하십니다. 이는 재판관이 내리는 징벌과는 매우 다른 벌입니다.

재판관의 분노와 아버지의 분노는 그 차이가 매우 큽니다. 아버지는 자녀에게 화를 내면서도 사랑합니다. 그리고 아버지가 화를 내는 이유는 바로 자녀를 사랑하기 때문입니다. 자기 자녀가 아니라면 잘못하건 말건 관심을 두지 않을 것입니다. 그러나 자기 자녀가 거짓말을 하거나 불순종할 때는 반드시 벌을 내려야 겠다고 생각합니다. 그 아이를 사랑하기 때문이죠.

더 이상 무슨 말이 필요할까요?

회개하지 않은 죄인을 향한 하나님의 마음에는 의로운 분노가 있습니다. 그러나 하나님은 자기 백성에게 그런 감정을 전혀 느끼지 않으십니다. 그분은 그들의 아버지이십니다. 만일 그들이 죄를 범하면 하나님은 매를 대십니다. 그러나 그리스도께서 모든 것을 담당하셨기 때문에 법적으로 처벌하기 위함이 아니요, 부드러운 아버지의 징계를 하기 위함입니다. 그래서 하나님의 자녀가 자신의 어리석음을 깨닫고 회개하고 하나님께로 돌아와서 잘못된 행동을 고치도록 하기 위함입니다.

자, 하나님의 자녀여!

만일 오늘날 당신이 가난의 병이나 육신의 질병, 또는 영의 쇠약으로 인해 어떤 식으로든 오늘 고통받고 있다면, 이 모든 고통에는 하나님의 심판 진노가 한 방울도 없음을 기억하기를 바랍니다. 판사가 범인을 벌하는 것처럼 당신은 당신의 죄 때문에 벌을 받는 것이 아닙니다. 그런 거짓 교리를 절대 믿지 마십시오. 복음은 옛날 우리의 죄가 큰 속죄양의 머리에 전가되어 단번에 없어졌다고 말합니다. 따라서 다시는 정죄함이 없습니다.

그러나 우리는 현재의 고난을 볼 때 하나님의 자녀로서 우리가 저지른 죄가 얼마나 크고 그 죄에 대한 대가로 얼마나 많이 맞아야 하는지 알아야 합니다.

사랑하는 형제자매 여러분!

회심한 이후의 시간으로 돌아가서 생각해 보십시오.

하나님이 당신을 징계하신 것이 이상합니까?

저 자신에 관해 말하자면, 저는 한 번이라도 징계받지 않은 적이 있는지 궁금합니다. 우리는 얼마나 배은망덕했고, 얼마나 사랑이 없었으며, 얼마나 혐오스러웠고, 얼마나 거짓된 서원을 했으며, 헌신하겠다고 하고는 얼마나 불성실했습니까.

우리가 죄를 짓지 않은 단 하나의 영역이라도 있습니까?
우리는 기도하는 동안에도 죄를 짓지 않은 적이 있나요?
찬송가를 부를 때에도 다른 생각을 하지 않거나 열정적으로 부르지 않았던 적이 한 번도 없었나요?
성경을 읽을 때, 진리에 대한 사랑으로 그것을 우리 영혼으로 마땅히 받아들여야 하지만, 그렇지 못한 적이 한 번도 없었나요?
그래서 눈물로 성경을 읽지 못한 적이 없었나요?

오, 선하신 아버지!
우리에게 총명한 눈을 주옵소서.
죄를 자백했을 때 사용한 같은 눈을 사용하여 현재의 벌을 초래한 특정한 죄를 찾기 위해 열심을 내십시오.

일부 그리스도인은 고통을 받습니다. 전혀 이상하지 않습니다. 만약 그렇지 않다면 오히려 의아해할 것입니다. 예를 들어, 저는 그들이 가족 기도와 다른 가사 일을 소홀히 하고 그들의 아들들이 자라서 그들을 욕되게 하는 것을 보았습니다. 그들이 "정말로 고통스럽습니다"라고 부르짖는다면 이렇게 대답하지는 않을 것입니다.

"당신은 그런 결과를 예상했어야 했습니다. 당신이 바로 그 모든 고통의 원인입니다."

그렇지만 이는 사실일 것입니다. 아버지가 자녀에게 가혹하게 대하고 신랄하게 대하고 화를 잘 냈다면, 그들이 부모의 곁을 떠나 죄에 빠지는 건 어쩌면 당연한 일일 것입니다. 우리는 가시나무에서 무화과를 엉겅퀴의 포도 열매를 거두리라 기대하지 않습니다.

우리는 돈만 지독히 밝히면서도 여전히 그리스도인이라고 주장하는 사람들을 보아왔습니다. 그런 사람들은 초조하고 불행했습니다. 당연하지요.

주님이 그런 천박한 벌에 대해 관대해야 할까요?

형제 여러분!

당신 문제의 뿌리가 당신 문 앞에 있을지 모릅니다. 바로 그곳에 죄가 있습니다. 자세히 살펴보십시오.

그러나 때로 형벌의 원인은 더 멀리 있습니다. 모든 의사는 인생의 전성기나 노년기에 골칫거리가 되는 질병이 있다고 말할 것입니다. 이 질병은 젊었을 때 행했던 어떤 잘못이나 사고로 발생했을 수 있으며 그것은 오랜 세월 잠재되어 있었을 것입니다.

이처럼 우리가 젊었을 때 행했던 죄가 노년에 슬픔을 가져오고, 20년 전에 행했던 잘못이나 실수가 오늘날 우리를 괴롭힐 수 있습니다. 만일 잘못을 저질렀던 때가 아주 오래전이라면, 그 잘못에 대해 더욱 철저하게 조사하고 더 자주 기도해야 합니다.

아마도 여러분은 젊었을 때 슬픔에 잠긴 사람들에게 매우 무뚝뚝했을 것입니다. 현재 당신의 처지가 이와 같습니다. 가혹한 현실에 처한 당신을 볼 수 있습니다. 당신이 처한 환경이 좋았을 때, 가난한 사람을 멸시하고 궁핍한 사람을 멸시했었을 수도 있습니다. 많은 목사가 다른 사람에 대한 나쁜 험담을 믿고 해를 입혔는데, 이제 그들도 곧 험담의 희생양이 됩니다.

하나님은 당신의 자녀가 죄를 지을 때 간과하지 않으십니다. 그분은 종종 세상 죄인들이 평생 책망을 받지 않고 살도록 내버려 두실 것입니다. 그러나 그분의 자녀는 그렇지 않습니다. 여러분이 오늘 집에 가다가 많은 소년이 돌을 던지고 창문을 깨는 것을 본다고 해도 특별한 행동을 취하지는 않을 것입니다. 그러나 그들 중에 당신 아들이 섞여 있는 것을 보는 순간 여러분은 분명 그 아이를 데리고 와서 회개하게 할 것입니다.

죄인들이 악한 길로 가는 것을 보신다고 해도 하나님은 당장 그들을 벌하지는 않으실 것입니다. 그들이 죽은 후에 공의로 다스리실 것입니다. 그러나 만일 하나님의 택한 백성이 죄를 범한다면, 하나님은 분명히 그들이 죄를 범한 것을 후회하게 하실 것입니다.

아마도 아직 발전되지 않은 죄와 잠재적 악에 대한 성향 때문에 징계를 내릴 수도 있습니다. 슬픔을 통해 죄를 파헤칠 수 있습니다. 슬픔을 추적하다 보면 죄를 알 수 있기 때문이죠.

여러분은 자신이 천성적으로 악하다는 것을 아십니까?

은혜 없이는 우리가 악하다는 사실을 알지 못합니다. 우리는 우리가 온화한 기질과 상냥한 성품을 가지고 있다고 생각합니다. 그러나 곧 진실을 알게 되죠. 누군가 우리를 도발하면 참지 못합니다. 짜증 나고 조롱당하고 교묘하게 우리의 민감한 곳들을 건들면 분노하죠. 상냥했던 기질은 연기처럼 사라집니다.

우리가 이런 일에 동요한다는 것이 두렵지 않습니까?

네, 그렇습니다. 두려운 일입니다. 그러나 우리의 마음이 깨끗하다면 어떤 도발적인 행위도 우리를 건들지 못할 것입니다.

자기에게 어떤 죄가 있는지 아는 것은 큰 유익이 될 수 있습니다. 왜냐하면, 하나님 앞에서 자신을 낮추고 자기 성향과 싸우기 시작할 것이기 때문입니다. 자기의 더러운 곳을 본 적이 없었다면, 자신을 깨끗하게 청소하지 않았을 것입니다. 고통을 느껴본 적이 없었다면 질병은 몸 깊숙이 숨어 있었겠지만 이제 고통을 느끼기 시작하면 서둘러 치료받으러 갈 것입니다.

그러므로 때때로 우리 안에 거하는 죄를 분별하고 그 죄를 파멸하도록 하나님은 시련을 보낼 수 있으십니다.

만일 하나님이 우리를 치실 때, 하나님 앞에 자신을 낮추고 하나님의 징계를 끌어낸 특정한 죄를 가장 철저하게 자백하고 예수님의 보배로운 피에 용서를 구하고 우리의 죄를 극복할 수 있도록 성령님의 능력을 구하려면 오늘 아침 무엇을 해야 할까요?

여러분이 그렇게 했다면 예배당을 떠나기 전에 한 가지 주의할 점을 말씀드리겠습니다. 곤경에 처했을 때 그것으로 인한 즉각적인 유익은 기대하지 마십시오.

저는 극심한 고통에 처했을 때, 조금 더 겸손해졌는지, 더 간절하게 기도에 열중했는지, 아니면 하나님과의 교제를 더 열심히 했는지 보려고 자신을 시험해 보았지만, 그 당시에는 조금도 나아진 기미가 보이지 않았습니다. 왜냐하면, 고통은 생각을 산만하게 하고 흐트러뜨리기 때문입니다.

정원사는 과일나무가 더 많은 열매를 맺게 하기 위해 칼로 가지를 칩니다. 그의 자녀가 그의 발뒤꿈치를 터벅터벅 따라와서 말합니다.

"아버지, 저는 아버지가 나뭇가지를 베고 난 후, 그 나무에서 열매가 맺히는 것을 보지 못했습니다."

사랑하는 여러분!

물론 당장 열매가 맺는 것은 아닙니다.

그러나 몇 달 후 과일이 익는 계절이 돌아오면 가지를 친 칼에 감사하는 황금색 사과를 보게 될 것입니다. 일의 결과를 보기 위해서는 시간이 필요합니다. 시간은 인내라는 은총이 필요합니다.

2. 어려움을 통한 유익

많은 책이 어려움에 관해 썼고, 저는 시련의 유익이 무엇인지 충분히 열거할 수 있습니다만 그러지 않겠습니다. 참된 신자가 겪는 혹독한 고난은 그의 영혼의 뿌리가 땅으로 뻗지 못하게 하고, 마음의 닻이 하늘을 향해 단단히 고정되게 하는 효과를 발휘합니다.

그에게 그토록 두려움의 대상이 된 세상을 사랑할 수 있을까요?
그는 자기 입에 그렇게 쓴 포도를 먹으려고 할까요?
이제 그는 사랑하는 천국으로 날아가 영원히 안식할 날을 기다리지 않겠습니까?

고난은 종종 진리를 우리에게 이끌어 주고, 우리를 진리로 이끌어 줍니다. 이 둘 중 어느 것이 더 어려울까요?

저는 모르겠습니다. 경험은 우리가 몰랐던 진리를 알게 해 줍니다. 성경의 많은 구절은 주석을 아무리 보아도 확실하게 이해되지 않을 것입니다. 경험을 직접 해야 알 수 있습니다. 많은 본문이 비밀 잉크로 기록되어 있는데, 이 잉크로 쓴 본문을 보기 위해서는 역경의 불이 필요합니다. 저는 고개를 들어 하늘을 봐도 별이 보이지 않을 때 우물에서 별을 본다고 들었습니다. 깊은 고난을 겪을 때 별처럼 빛나는 진리를 발견할 수 있음을 확신합니다. 이런 진리는 다른 곳에서는 볼 수 없습니다.

　게다가 저는 고난이 우리를 진리로 이끌 뿐만 아니라 진리를 우리에게 이끈다고 말했습니다. 우리의 믿음은 피상적입니다. 우리는 종종 진리로 흠뻑 젖지만, 진리는 또한 대리석 판에서 물이 흐르는 것처럼 우리에게서 흘러나옵니다. 그러나 고난은 우리를 갈아엎고 마음을 열어 우리의 가장 깊은 본성에 진리가 스며들게 합니다. 쟁기질한 땅에 비가 스며드는 것처럼 말이죠. 하나님의 진리를 자신의 가장 깊은 자아 속으로 받아들이는 사람은 복이 있습니다. 그는 결코 그것을 잃지 않을 것입니다.

　성령에 의해 거룩하게 된 신자의 고난은 주님의 신실하심을 체험하게 함으로 하나님께 많은 영광을 올려 드립니다. 우리는 시련을 겪어야 합니다. 그렇지 않으면 자기 백성을 버리지 않으시는 신실하신 하나님을 영화롭게 할 수 없습니다.

　다시 말하지만, 고난은 은혜를 통해 우리에게 주 예수님을 닮는 측량할 수 없는 특권을 줍니다. 우리는 그리스도처럼 되기 위해 기도하지만, 우리가 전혀 슬픔도 모르고 고통을 이해하지도 못한다면 어떻게 그런 사람이 될 수 있겠습니까.

　그리스도처럼 되기 원하지만, 절대로 눈물의 골짜기를 지나가지 않습니다!
　그리스도처럼 되기 원하지만, 마음이 원하는 모든 것을 소유합니다!
　죄인들이 자신에 대항하는 것을 참지 못합니다!
　"내 영혼이 심히 괴로워 죽게 되었도다"라고 말한 적이 없습니다!
　주님의 슬픔에 참여하는 것이 그분의 영광에 참여하는 것보다 먼저 이루어져야 합니다. 만일 우리가 그리스도와 같이 되기를 원한다면, 영원히 그와 함께 거하기를 원한다면, 이를 위해 많은 환난을 기꺼이 통과해야 합니다.

다시 한번, 우리가 받는 고난은 하나님이 축복하실 때 우리에게 큰 도움이 됩니다. 우리가 이런 고난을 겪으면 다른 사람의 아픔을 볼 수 있고, 그들을 도울 수 있습니다. 사람이 육체적 고통을 경험하지 않았다는 것은 어쩌면 끔찍한 일임이 틀림없습니다. 당신은 "저는 그 사람처럼 되고 싶다"고 말합니다.

아, 여러분이 고통이라는 특별한 은혜를 받지 못하면, 강퍅하고 차가운 사람으로 자라날 것입니다. 닿기만 해도 부서뜨리는 쇠망치 같은 사람이 될 것입니다. 마음이 고통으로 부드러워져야 한다면 그렇게 되도록 내버려 두십시오. 부드럽고 폭신하게 되도록 하십시오. 그러면 이웃의 아픈 상처를 싸매는 방법을 어렴풋이나마 알 수 있을 것입니다.

내 눈이 내 형제의 슬픔을 위해 눈물을 예비하게 하소서!

심지어 그러기 위해 강물 같은 눈물을 흘린다고 해도 그렇게 할 것입니다. 고통으로부터의 도피는 동정할 힘으로부터의 도피일 것이며, 가장 비난받을 일입니다. 고난은 목사의 서재에 있는 책 중 가장 좋은 책이라는 루터의 말이 옳습니다.

하나님의 사람이 고난 겪는 자에 대해 전혀 알지 못하신다면 어떻게 그를 동정할 수 있겠습니까. 남을 섬기는 하나님의 사람이 항상 강건하다면, 이는 아마도 손실일 것입니다. 항상 아프다고 해도 마찬가지입니다. 그러나 주님이 자기 양 떼가 가도록 허락하시는 모든 곳을 목사가 두루 다닐 수 있다는 것은 의심의 여지 없이 주님의 양 떼에게 유익합니다. 목사의 삶이 그렇습니다. 여러분도 각자가 받은 부르심에 따라 하나님의 백성을 위로하기 위해 존재합니다.

그러므로 사랑하는 형제 여러분!

감사하십시오.

고난에 감사하십시오.

무엇보다 고난은 곧 끝나고 우리가 이 일에 대해 크게 기뻐하는 날이 있을 것이기에 감사하십시오. 군인이 마침내 고향의 시골에서 노년을 보내기 위해 왔을 때 자신이 전투에서 얻은 상처를 보여 주고 전투에 관해 이야기하는 것처럼, 우리가 서둘러 가고 있는 귀한 나라에서 우리는 모든 것을 통해 우리를 인도하신 하나님의 선하심과 신실하심을 이야기할 것입니다.

나는 흰옷을 입은 무리 가운데 서서 "단 한 명을 제외하고 큰 환난에서 나오는 자들이 바로 이들이라"는 말을 듣고 싶지 않습니다.

슬픔을 결코 알지 못하는 유일한 사람으로 불릴 자신을 거기에서 보고 싶습니까?

그렇지 않죠. 왜냐하면, 당신은 거룩한 형제들의 한가운데 서 있는 낯선 사람이 될 것이기 때문입니다. 우리는 곧 왕관을 쓰고 손을 흔들기에 고난의 전투에 기꺼이 참여할 것입니다.

제가 설교하는 동안 어떤 분은 "아, 이 하나님의 백성이 어려움을 겪고 있습니다"라고 말씀하신 것을 압니다. 여러분도 마찬가지입니다. 불경한 자는 자기 죄 때문에 슬픔을 피하지 못합니다. 저는 절약을 통해 빈곤에서 탈출한 사람에 관해 들어본 적이 없습니다. 술에 취함으로 두통과 심통에서 벗어난 사람을 듣지 못했습니다. 방탕함으로 육체의 고통에서 벗어났다는 말을 들어본 적도 없습니다. 오히려 그 반대의 말은 들었습니다. 거룩한 자들처럼 여러분도 슬픔을 겪을 것입니다.

불경한 자들이여!

이것을 기억하십시오.

그들에게는 이런 것들이 소용없습니다. 그들은 이것을 해악에 이르게 합니다. 그러나 성도에게는 영원한 유익을 끼칩니다. 그들이 당하는 슬픔은 형벌입니다. 그들이 당하는 슬픔은 그들에게 영원히 떨어질 붉은 우박의 첫 번째 방울입니다.

하나님의 자녀는 그렇지 않습니다. 그들은 자기가 저지른 범법 행위로 인해 벌을 받지만, 하나님의 자녀는 다릅니다. 그리고 오늘 그들이 평화, 번영, 풍요, 행복 가운데 거한다고 해도, 그리고 하나님의 자녀는 고난 가운데 있다고 해도, 그들의 상태를 부러워할 하나님의 자녀는 단 한 사람도 없습니다. 하나님의 자녀는 악마가 사랑하는 사람이 되어 그와 함께 식사하는 것보다 차라리 식탁 아래에서 발길질을 당하는 하나님의 개가 되기를 기뻐합니다.

우리가 하나님을 사랑하는 이유가 다른 어떤 것도 아닌 하나님에게서 무언가를 얻을 수 있기 때문이라고 생각합니까?

이것이 하나님을 향한 그리스도인의 사랑일까요?

불경한 사람들은 이렇게 생각합니다. 또한, 이것은 욥을 평가하는 마귀의 생각이기도 합니다. 마귀는 진정한 사랑과 보살핌을 이해하지 못하지만, 하나님의 자녀는 하나님을 사랑한다고 마귀의 면전에 대고 말할 수 있습니다. 하나님이 몸에 종기가 나게 하시고 똥 무더기에 올려놓으신다고 해도 말이죠. 감당해야 하는 것보다 열 배나 더 무거운 고난이 그에게 닥친다고 해도 하나님의 선한 도움을 받아 하나님께 매달립니다.

그분은 복을 주시는 하나님이 아닙니까. 병상에 누워 있을 때도 복을 주시는 하나님을 믿으십시오. 밤중에 지치고 머리에 뜨겁게 열이 나고 영혼이 산만할 때도 우리는 그분이 복된 하나님이심을 고백합니다. 신자가 있는 병원의 모든 병실에는 이런 고백이 울려 퍼져야 합니다.

복을 주시는 하나님?

"아, 네. 그렇습니다"라고 오늘 아침 이곳에 온 고난과 궁핍 가운데 있는 사람들은 고백합니다. 이 세상에서 고난 가운데 있는 모든 하나님의 자녀도 같은 고백을 합니다.

　복을 주시는 하나님?

　죽어 가는 하나님의 백성이 말합니다.

　"아, 네. 하나님이 우리를 치실지라도 우리는 하나님의 이름을 높입니다. 하나님은 우리를 사랑하시고 우리도 그분을 사랑합니다. 하나님의 모든 파도가 우리를 덮치고 그분의 진노가 우리를 극심하게 칠지라도, 하나님의 사랑이 없다면 성도는 변하지 않을 것입니다."

제5장

제목: 불타는 보리밭

■ 본문: 사무엘하 14:29-31

■ 설교 요약

압살롬의 경우와 달리, 믿는 자가 하나님의 메시지를 받고도 응답하지 않아 하나님이 그의 보리밭에 불을 지르시지만, 결국 이 일은 옳고 선한 일이 된다. 이 방법을 통해 우리가 하나님께 돌아오게 하시기 때문이다. 우리는 고난 속에서도 버림받지 않는다.

주님은 우리가 그분께 나아가도록 하기 위해 자주 상실이나 시련을 사용하시는데, 이는 우리가 당연히 마땅히 받아야 할 것을 받는 것이다. 그래서 주님이 우리를 부르실 때, 마땅히 가야 한다. 그리고 그분이 우리 밭을 불태우실 때 우리는 회개와 은혜로 그분께 더욱 굳게 매달려야 한다.

■ 이 설교에서 기억할 만한 문구

"상실 역시 종종 하나님께서 방황하는 양을 집으로 데려오기 위해 사용하시는 수단입니다. 사나운 개처럼 상실은 방랑자에게 겁을 주어 목자에게 돌아가게 합니다."

"그러나 본문의 핵심은 이것입니다. 여러분은 시련으로 인해 하나님께 점점 더 가까이 가게 되는 유익을 계속해서 얻는다는 것입니다."

Spurgeon On Persevering Through Trials

제5장
불타는 보리밭

> 압살롬이 요압을 왕께 보내려 하여 압살롬이 요압에게 사람을 보내 부르되 그에게 오지 아니하고 또 다시 그에게 보내되 오지 아니하는지라 압살롬이 자기의 종들에게 이르되 보라 요압의 밭이 내 밭 근처에 있고 거기 보리가 있으니 가서 불을 지르라 하니라 압살롬의 종들이 그 밭에 불을 질렀더니 요압이 일어나 압살롬의 집으로 가서 그에게 이르되 어찌하여 네 종들이 내 밭에 불을 질렀느냐 하니(삼하 14:29-31).

여러분은 성경 역사에 나오는 이 이야기를 기억할 것입니다.

압살롬은 다윗의 분노를 두려워하여 예루살렘을 떠났습니다. 얼마 후 그는 돌아갈 수 있었지만, 왕을 대면할 수는 없었습니다. 그는 이전의 명예와 영광을 회복하기 위해 요압에게 자신을 찾아오라고 요청했습니다. 요압이 중재자 역할을 해 주기를 바랐던 것입니다. 그러나 어린 왕자에 대한 호감이 많이 떨어진 요압은 오지 않았습니다. 여러 번 불러도 압살롬의 요청을 거부했습니다.

그러자 압살롬은 요압을 오게 할 계획을 세웠습니다. 이 계획은 참으로 사악하지만 가장 효과적이었습니다. 그는 종들에게 요압의 보리밭에 불을 지르라고 명했습니다. 그래서 요압은 분노하고 "당신의 종들이 어찌하여 내 밭에 불을 놓았습니까" 하고 묻습니다. 이것이 압살롬이 원한 전부였습니다.

압살롬은 요압과의 면담을 원했지만 면담을 얻는 방법에 대해 세심한 주의를 기울이지 않았습니다. 보리밭이 불타서 요압이 그의 앞에 오게 되었지만 압살롬은 나중에 비극적인 최후를 맞이하게 됩니다.

행위 자체를 떠나서 보면, 우리는 여기에서 가장 지혜롭고 완벽한 계획, 은혜로운 하나님이 자주 행하시는 방법에 대한 그림을 볼 수 있습니다.

하나님은 종종 자신의 유익이 아니라 우리의 유익을 위해 메시지를 보내십니다. 하나님은 우리가 그분께 가까이 나아가 그분의 손에서 복을 받기 원하시지만, 우리는 어리석고 마음이 냉담하고 사악하므로 가지 않을 것입니다. 하나님은 우리가 다른 어떤 방법으로도 오지 않을 것을 아시고 심각한 시련을 보내십니다. 하나님은 우리 보리밭에 불을 지르십니다. 하나님께 그럴 권리가 충분히 있습니다. 보리밭은 사실 우리 것이라기보다는 오히려 하나님의 것입니다.

압살롬과 달리 하나님은 자기 것을 자기 뜻대로 행할 권리가 있으십니다. 그분은 우리가 마음에 간직한 최고의 기쁨을 거두어 가십니다. 그러면 우리는 하나님께 묻습니다.

"주님은 어찌하여 저와 다투십니까?
무슨 이유로 저를 주님의 막대기로 때립니까?
제가 무엇을 했기에 주님은 그토록 노여워하십니까?"

그리하여 우리는 하나님의 면전으로 인도되어 주님께서 우리에게서 거두신 일시적인 복보다 훨씬 더 가치 있는 복을 받습니다.

이제 오늘 아침에 제 설교가 어떻게 전개될지 여러분은 짐작할 수 있을 것입니다. 저는 이렇게 큰 교회를 담임하는 목사로서 인간의 온갖 슬픔을 끊임없이 접하고 있습니다. 흔히 빈곤, 즉 게으름이나 악덕이 가져오는 빈곤이 아니라, 진정한 빈곤이자 가장 고통스럽고 아픈 빈곤입니다. 먹고살기 위해 목숨을 거는 치열한 전쟁을 치르면서 오랫동안 열심히 일한 사람들에게도 빈곤은 찾아옵니다. 노년에 어떻게 먹고살아야 할지 막막합니다. 하나님의 약속만을 믿고 살아야 합니다.

그의 양식은 공급되고 그의 물은 끊어지지 아니하리라(사 33:16).

소식 전하는 자가 욥에게 급히 가서 소식을 전했던 것처럼, 저에게도 여러분이 겪은 슬픈 소식을 전해 줍니다. 그리고 제가 이런 소식에 안타까워하는 동안, 또 다른 전령이 문 앞에서 기다리고 있을 것입니다.

혹독한 시련을 겪지 않고 사는 가족이 얼마나 될까요?

긴 기간 동안 환난 없이 사는 사람은 거의 없습니다. 슬픔은 궁전과 오두막의 문을 공평하게 두드립니다.

왜 이 모든 일이 일어날까요?

우리는 주님이 헛되이 "인생으로 고생하게 하시며 근심하게" 하지 않으심을 압니다.

그렇다면 왜 주님은 인상을 찌푸린 종을 그렇게 많이 고용하시고, 몽둥이를 가진 사람을 그렇게 자주 보내시는 걸까요?

어떻게 그러실 수 있습니까?

아마도 저는 이 질문에 적절한 대답을 할 수 있을 것 같습니다.

1. 그리스도를 믿는 사람을 위해

예수 그리스도 안에 있는 사랑하는 형제자매 여러분!

우리는 환난을 피할 수 없습니다. 다른 사람의 보리밭이 불타지 않으면 우리 밭이 불타게 될 것입니다. 아버지가 막대기를 사용할 다른 곳을 찾지 못하신다면, 아버지의 참자녀를 영리하게 만들기 위해 반드시 막대기를 사용하실 것입니다.

구주는 여러분에게 두 가지 유산을 남기셨습니다.

> 세상에서는 너희가 환난을 당하나 담대하라 내가 세상을 이기었노라 (요 16:33).

여러분은 평화를 즐깁니다. 환난을 겪는 특권을 받지 않고 도피할 수 있으리라 기대해서는 안 됩니다. 모든 밀은 반드시 타작되어야 하며, 하나님의 타작마당에는 다른 어떤 것과 마찬가지로 무거운 도리깨가 있습니다.

그러나 모든 고난 속에는 네 가지 매우 특별한 위로가 있습니다.

첫째, 여러분의 십자가에는 저주가 없습니다. 참으로 달콤한 일입니다. 그리스도는 우리를 위해 저주를 받으셨습니다. 우리는 그분의 십자가를 저주받은 나무라고 부르지만, 참으로 예수님이 그 십자가에 매달리셨기에 그 십자가는 가장 복된 것입니다.

이제 저는 고난의 십자가에 대해 "이 나무에 달린 자마다 복이 있도다"라고 말할 수 있습니다. 십자가는 특히 푸르를 때 매우 무거울 수 있으며 우리의 어깨는 그것을 짊어지는 데 익숙하지 않습니다.

그러나 그 안에 1톤 무게의 슬픔이 있을지라도 그 속에는 단 1그램의 저주도 없다는 것을 기억하십시오. 하나님은 공의의 심판을 평계 삼아 당신의 자녀를 절대로 벌하지 않으십니다. 하나님은 아버지가 자기 자식에게 하듯이 그렇게 징계하십니다. 그러나 재판관이 범죄자에게 하듯이 구속된 백성을 절대로 그렇게 처벌하지 않으십니다.

여호와께서 한 번 죄를 범한 것에 대해 어떻게 두 번 벌하시겠습니까?

그리스도께서 나의 죄를 담당하시고 나의 대속물이 되셨다면 나에게 하나님의 진노는 없습니다. 저는 영리하게 행동해야 하겠지만, 절대로 릭토르(lictor)의 정의 막대기 아래가 아니라 부모의 지혜 막대기 아래에 있을 것입니다.

오, 그리스도인이여!

이것이 얼마나 감미로운가요!

하나님의 진노는 영혼을 상하게 하는 벼락입니다. 그리고 이제 여러분은 그 엄청난 위험에서 구출되었으므로 하나님이 섭리로 여러분에게 보내는 몇 줄기 소나기와 강풍에 압도되어서는 안 됩니다. 사랑의 하나님은 우리에게 슬픔을 주십니다.

하나님은 우리를 사랑스럽게 만지실 때와 마찬가지로 징계하실 때도 선하십니다. 하나님의 은혜로운 행위보다 고통의 섭리에 더 많은 진노가 있는 것은 아닙니다. 하나님은 불신자에게 엄격해 보일 수 있지만 우리는 믿음으로 항상 그분의 마음에 있는 사랑을 읽을 수 있습니다.

오, 시내산에 천둥이 그침은 얼마나 큰 자비인가요!

둘째, 또 다른 위로가 있습니다. 모든 고난이 하나님의 지혜와 사랑으로 여러분에게 할당됩니다. 고난의 수는 정해져 있습니다. 하나님이 열 개를 정하시면 열 개이지 열 한 개가 될 수 없습니다.

고난의 무게에 관해 말씀드리면, 저울로 산의 무게를 헤아리고 막대 저울로 언덕들을 재신 하나님은 여러분의 고난의 수를 헤아리십니다. 하나님의 무한한 지혜로 가장 적당한 고난을 주십니다. 그분의 지혜가 허락하지 않은 고난은 티끌만큼도 없습니다.

하나님은 마귀가 당신에게 역사하도록 허락하시는 것처럼 보일지 모르지만, 마귀는 항상 사슬에 묶인 적이라는 것을 기억하십시오. 모든 고난은 경계선이 있으며 그 경계선을 절대로 벗어날 수 없습니다. 느부갓네살왕은 풀무를 평소보다 일곱 배나 더 뜨겁게 할 수 있지만 하나님의 온도계는 정확한 열 온도를 측정합니다. 그 온도를 초과하여 불꽃이 타오르지 못합니다.

여러분이 받아야 할 모든 고난을 하나님의 지혜가 정하여 사랑으로 다스리는 줄로 생각하십시오. 그러면 모든 고난 가운데서도 하나님의 인자하심과 지혜가 나타날 줄 믿음으로 기뻐할 수 있습니다.

셋째, 여러분이 짊어진 십자가 아래에서 특별한 위로가 넘칩니다. 병든 성도에게 주시는 따뜻한 위로가 있습니다. 건강한 사들에는 이런 위로를 주지 않습니다. 밤이 아니면 나이팅게일의 소리를 들을 수 없듯이, 곤경에 처한 우리만 들을 수 있는 노래가 있다는 하나님의 약속이 있습니다.

왕국의 좋은 오래된 포도주가 저장되는 곳은 고통의 지하실입니다. 당신은 다른 모든 사람이 당신에게 등을 돌릴 때 그리스도의 얼굴을 가장 잘 볼 것입니다. 잠자리를 마련해 주실 예수님을 모시는 성도는 고요히 잠을 잡니다. 고통받는 성도는 일반적으로 가장 번영하는 성도입니다. 그들은 예수님이 특별하게 보살피시기 때문에 그러합니다.

입술에서 진주가 떨어지는 사람을 찾으려면 깊은 물에 들어간 사람을 찾으십시오. 우리는 그리스도의 학교에서 고난의 매를 맞을 때 가장 많이 배웁니다. 하나님의 포도나무는 정원에 있는 다른 어떤 연장보다 가지치기 칼에 더 많은 빚을 집니다. 불필요한 싹은 오히려 포도나무를 버려 놓습니다. 그러나 우리가 고난을 겪는 동안에도 십자가는 위안을 가져다줍니다. 장미로 장식되어 있고 달콤한 몰약 향이 퍼지는 사랑스러운 십자가입니다.

겸손한 영혼은 그리스도를 위해 고난받는 것을 높은 영예로 여깁니다. 하늘이 사람의 눈에 조금이라도 열려 있다면, 궁핍과 고난의 밧모섬에 사는 자는 비전을 봅니다. 용광로의 기쁨은 용광로 불꽃처럼 아주 뜨겁게 빛납니다. 주님이 당신의 백성과 함께하실 때 역경의 쓰임새는 달콤하고 그에 따른 부가물도 역시 달콤합니다.

그러나 본문의 핵심은 이것입니다. 여러분은 시련으로 인해 하나님께 점점 더 가까이 가게 되는 유익을 계속해서 얻는다는 것입니다. 이것이 여러분에게 위로가 될 줄 믿습니다.

그리스도 예수 안에 있는 사랑하는 친구 여러분!

하늘에 계신 우리 아버지께서는 자주 오라고 하시지만 우리는 가지 않습니다. 하나님은 우리가 하나님을 단순하게 믿으라고 하십니다. 우리가 믿었고 또 믿음으로 사망에서 생명으로 옮겨 갔으나 우리의 믿음은 때때로 비틀거립니다. 우리의 믿음은 작은 약속을 붙잡지만, 하나님의 약속에도 불구하고 우리는 두려워 입을 크게 벌리지 못하곤 합니다. 그러므로 하나님은 우리에게 말씀하십니다.

나의 자녀야!

와서 나를 믿어라.

휘장이 찢어졌다. 내 앞에 와서 내 은혜의 보좌 앞에 담대히 나아가라.

나를 완전히 신뢰하라. 네 근심 걱정을 나에게 맡겨라.

근심의 티끌을 떨치고 아름다운 믿음의 옷을 입어라.

그러나 슬프게도 하나님은 우리에게 사랑이 담긴 어조로 이 위로의 은혜를 복으로 받으라고 하시지만, 우리는 거역할 것입니다.

때로는 하나님과 더 친밀한 교제를 나누도록 우리를 부르십니다. 우리는 하나님의 집 문 앞에 앉아 있었고 하나님은 우리에게 연회장에 들어가 그분과 함께 식사하라고 명하셨지만 우리는 그 영예를 거절합니다. 그분은 우리에게 안방에 들어가라고 하셨지만, 아직 우리는 비밀의 방에 들어가지 않습니다. 그분은 우리에게 그 안으로 들어가라고 권하시지만 우리는 머뭇거립니다.

예수님은 자기 백성과의 친밀한 교제를 원하십니다. 그리스도와 함께 있는 것이 그리스도인에게 기쁨이 되지만, 예수님께도 기쁨이 됩니다.

인자들을 기뻐했느니라(잠 8:31).

이제 그리스도께서 손짓하시며 "이리 가까이 와서 나와 교제하자"고 말씀하신다면 우리는 마치 날개를 단 독수리처럼 기쁘게 날아야 한다고 생각할 것입니다. 그러나 대신 우리는 먼지에 집착합니다. 우리는 할 일이 너무 많고, 걱정이 너무 많습니다. 비록 우리를 부르신 사랑하는 분의 음성을 들어도 오지 않습니다.

더 열렬한 기도를 하라는 음성도 있습니다.

어떤 때에는 기도를 간절하게 해야겠다는 생각을 스스로 하지 않습니까?

그러나 아마도 당신은 성령을 소멸하게 했고, 여전히 하나님께 가까이 나아가지 못하고 있을 것입니다. 주님은 매일 자기 백성에게 그분께 나아와 그들이 원하는 것이 무엇인지 물으라고 명하십니다. 그러면 이루어질 것이라고 하십니다. 그분은 속죄 소에 앉으신 은혜로운 하나님이시며, 자기 백성에게 마음의 가장 큰 소원을 이루어 주기를 기뻐하십니다. 그러나 부끄럽게도 우리는 이 기도의 능력을 행사하지 않고 살며, 그 풍성한 은혜에서 오는 충만한 복을 놓칩니다.

아, 형제들이여!

우리 대부분은 이 부분에서 분명히 유죄입니다. 주님은 우리에게 기도하라고 하시지만 우리는 하지 않을 것입니다.

때때로 하나님은 우리를 더 높은 경건의 상태로 부르십니다. 저는 평범한 기독교인이 세속적인 일을 초월한 것처럼, 하나님의 은혜로, 평범한 기독교인을 넘어서는 기독교인이 있다고 확신합니다. 평범한 사람의 눈으로는 볼 수 없는 높이가 있고, 그들이 볼 수 있는 낮은 높이도 있습니다.

여러분은 구름을 가르고 그리스도와 교제하는 순수한 푸른 하늘에 올라갈 수 있는 은혜가 있기를 바랍니다!

우리는 당연히 섬겨야 할 하나님을 섬기지 않습니다. 우리는 모든 장벽을 뚫고 가는 펄펄 끓는 쇳물과 같아야 할 때 얼음처럼 차갑습니다. 주님의 동산처럼 꽃을 피워야 할 때 메마른 사하라 사막과 같습니다. 주님의 교회를 섬기고 진리를 지키기 위해 우리 마음과 생명이 필요할 때, 인색합니다.

오, 우리는 우리의 사랑스러운 주 예수님을 인색하게 사랑하는 사람에 불과합니다. 우리는 그분의 종이 되기에 적합하지 않습니다. 더욱이 그분의 신부 자격은 말할 필요도 없고요.

오, 형제들이여!

하나님은 종종 우리를 더 높은 경건으로 부르시지만 우리는 가지 않습니다. 왜 우리는 주님께 가지 않고 주님이 자꾸 우리를 위해 수고하시게 합니까? 여러분의 죄를 겸손하게 고백하면서 여러분 자신의 마음이 그 이유를 밝히도록 하십시오. 우리는 우리가 그렇게 나쁘다고 생각한 적이 없습니다.

만일 우리가 그리스도에 대해 그렇게 무관심해야 한다고 천사가 말했다면 우리는 하사엘이 엘리사에게 말했던 것처럼 "당신의 개 같은 종이 무엇이기에 이런 큰 일을 행하오리이까"라고 말했을 것입니다. 여러분이 선지자의 펜으로 기록된 자기 역사를 볼 수 있다면 이렇게 말할 것입니다.

"아니요, 그럴 수 없습니다. 그리스도께서 나를 용서하신다면 나는 그분을 사랑해야 합니다."

그러나 지금까지 우리는 배은망덕하고 불신하며 심지어 그분의 부르심에 귀를 기울이거나 그분의 명령을 따르기를 거부했습니다. 우리가 하나님의 부드러운 부르심을 듣지 아니하므로 요압의 보리밭이 불탄 것같이 환난이 옵니다. 고난은 온갖 형태로 찾아옵니다. 그 환난 때문에 우리가 하나님의 부르심에 순종하기만 한다면 어떤 종류의 고난이냐는 별로 중요하지 않습니다.

어떤 그리스도인들은 질병의 형태로 시련받습니다. 그들은 평생 병든 몸을 끌고 다니거나 갑자기 병에 걸리기도 합니다. 이것은 오히려 하나님의 약입니다. 따라서 하나님의 자녀에게 이런 고난이 있다면 이는 사망에 이르게 하기 위함이 아니라 그들을 고치기 위함이라고 생각하십시오.

의사가 주는 많은 약이 환자를 한동안 아프게 합니다. 영리한 의사는 이것이 약의 효과라는 것을 알기에 환자의 고통에 대해 전혀 놀라지 않습니다. 이 모든 것이 유익한 과정이고 질병을 치료하리라고 기대합니다.

주님이 중병을 보내실 때, 잠깐 우리의 연약한 영성이 더 약해질 수 있습니다. 왜냐하면, 질병은 종종 조바심과 하나님을 원망하게 하기 때문입니다.

그러나 때가 차면, 우리의 교만한 마음은 깨지고 주님의 자비를 구할 것입니다. 절단을 많이 한 다이아몬드일수록 그만큼 가치가 올라가듯이, 하나님이 주신 고난을 많이 받는 신자도 마찬가지입니다.

내 형제여!

만일 당신이 고난 없이는 하나님께 오지 않는다면, 그분은 당신에게 병상을 보내셔서 당신이 하나님께 나오게 하실 것입니다. 당신이 달려오지 않는다면 하나님은 당신을 절뚝거리게 하실 것입니다. 그러므로 당신은 반드시 와야 합니다. 다른 방법이 없다면 질병이 당신이 탈 검은 수레가 될 것입니다.

상실 역시 종종 하나님께서 방황하는 양을 집으로 데려오기 위해 사용하시는 수단입니다. 사나운 개처럼 상실은 방랑자에게 겁을 주어 목자에게 돌아가게 합니다. 학자가 부자가 되고 재물이 많아지면 교만하게 되고 자기 자랑을 하는 말을 합니다.

기독교인이 부자가 되고 평판이 좋으며 건강이 좋고 가정이 행복할 때, 육신의 안녕을 추구할 가능성이 상당히 높습니다. 만일 그가 하나님의 참자녀라면 그를 위해 준비된 회초리가 있습니다. 잠시만 기다리면 그에게 있는 것들이 눈처럼 녹아 내리는 것을 볼 수 있을 것입니다. 이제 이런 고난이 연이어 들어오자 그는 괴로워하기 시작하고 자신을 하나님께 바칩니다.

오, 구원의 반석 위에서 사람을 씻는 복된 파도여!

오, 우리를 예수님께로 이끌기 위해 살에 상처를 내는 복된 채찍이여!

사업상의 손실은 종종 우리 영혼의 풍요로움을 가져옵니다. 만일 두 손에 가득 채워서 주님께 나아오지 아니하면 결국 빈손으로 오게 될 것입니다. 여러분이 사람들 앞에서 하나님을 영화롭게 할 다른 방법을 찾지 못한다면, 하하나님은 여러분을 빈곤의 골짜기로 끌어내리는 은혜를 베풀 것입니다.

사별도 마찬가지입니다.

아, 나의 형제들이여!

사별은 얼마나 우리에게 날카로운 아픔을 줍니까?

우리는 주님이 당신의 백성을 당신께 가까이 오게 하기 위해 사별을 어떻게 거룩하게 하시는지 압니다. 그리스도께서도 우리처럼 사별의 아픔을 겪으셨습니다. 사별은 매우 슬픈 일로 여겨질 수 있지만, 예수님이 친구 나사로를 위해 우셨다는 것을 기억할 때, 이제부터 사별은 하나님의 고귀한 보석이자 특별한 은총입니다.

많은 어머니가 아기의 죽음으로 인해 더 거룩한 삶을 살아야겠다는 도전을 받았습니다. 많은 남편이 아내의 죽음으로 인해 그리스도께 더 많은 마음을 드리게 되었습니다.

죽은 영혼들이 천사들처럼 우리를 하늘로 손짓하지 않습니까?

그렇습니다. 우리는 새로 생긴 무덤을 이런 관점으로 바라보아야 합니다. 우리의 마음을 장례용 삽으로 파 달라고 주님께 기도해야 합니다. 그리고 죽은자들을 묻듯이 우리의 죄를 묻어야 합니다.

가족과 자녀의 시련은 또 다른 형태의 불타는 보리밭입니다.

형제 여러분!

살아 있는 십자가가 죽은 십자가보다 훨씬 무겁습니다. 여러분 중에는 자녀를 잃지 않은 사람도 있습니다. 못된 자녀는 여러분의 근심과 슬픔이 되기 때문에 차라리 죽었으면 어떨까 생각할 수도 있을 것입니다.

아, 청년이여!

당신이 태어나서 아버지의 이름을 욕되게 하는 것보다 태어나자마자 죽는 당신을 당신의 어머니가 보는 것이 더 좋을 것입니다.

아! 당신의 장례 행렬이 거리 이곳저곳으로 이어지고 당신 시체가 무덤으로 가는 것이, 당신이 살아서 어머니의 하나님을 모독하고 어머니의 보물인 성경책을 비웃는 것보다 낫습니다. 태어나지 않은 것이 당신과 당신 부모에게도 더 좋았을 것입니다.

아, 그러나 사랑하는 친구 여러분!

악한 자녀도 우리를 그리스도께 더 가까이 이끌기 위한 도구로 쓰입니다.

우리는 우리 자녀를 우상으로 만들지 말아야 하며, 감히 그렇게 해서는 안 됩니다. 하나님은 우리의 자녀도 우리와 마찬가지로 본성에 있어서 진노의 자녀임을 분명히 보여 주셨습니다.

감사할 줄 모르는 아이는 독사의 이빨보다 더 날카롭습니다. 그러나 아이의 독은 하나님의 손을 거칠 때 약품으로 바뀝니다. 여러분은 이런 가족의 시련을 하나님의 초청으로, 즉 하나님의 얼굴을 찾도록 하는 감미로운 충동으로 여겨야 합니다.

많은 사람이 다른 방식으로 고통을 받습니다. 이는 깊은 영적 우울증인데, 아마도 다른 어떤 것과도 비교할 수 없을 정도로 심각한 현상입니다. 그들은 항상 우울합니다. 우울한 이유를 모릅니다. 그들의 밤에는 별이 없습니다. 낮의 태양도 빛을 비추지 못합니다. 우울증은 이들을 사로잡습니다.

그러나 제 생각에는 이것조차도 어떤 사람에게는 하나님께 더 가까이 가게 하는 수단이 되기도 합니다. 사탕을 너무 많이 먹으면 아이의 배는 아프고 쓴 음식은 좋은 강장제 역할을 합니다. 일부 섬세한 피부에는 피부를 보호할 천이 필요합니다. 햇빛이 너무 강렬하게 비치지 않도록 해야 합니다.

애도자들에게는 슬픔의 베일이 필요할 수도 있습니다. 이런 심한 우울증으로 고난을 받는 것은 좋은 일일 수 있습니다. 왜냐하면, 이에 따라 하나님께 가까이 가기 때문입니다.

그리고 또 다른 고난이 있습니다. 하나님의 얼굴이 가려진 고난입니다.
견디기 어렵지만 유익합니다!
우리 주님과 가까이하지 않는다면 그분은 반드시 자기 얼굴을 숨기실 것입니다. 어떤 어머니가 어린아이와 함께 걸어갑니다. 걸음마를 배운 지 얼마 되지 않은 아이입니다. 거리를 지날 때 아이는 때로는 오른쪽으로 달리고, 때로는 왼쪽으로 달립니다. 그러면 어머니는 잠시 숨습니다. 그러자 아이는 엄마를 찾아 울기 시작하고 엄마가 나옵니다.
어떤 효과를 기대했던 걸까요?
아이는 더 이상 어머니에게서 달아나지 않을 것입니다. 이제는 어머니의 손을 꼭 잡고 걸을 것입니다. 그러므로 우리가 하나님을 떠나 방황할 때 그분은 자기 얼굴을 가리십니다. 우리는 하나님을 사랑하기 때문에 하나님을 찾기 위해 웁니다. 그리고 하나님이 다시 한번 얼굴을 보이실 때 우리는 이제 더욱 사랑스럽게 그분을 붙듭니다. 그러므로 주님은 우리에게 기꺼이 고난 주기를 기뻐하십니다.

신자 여러분!
이 모든 것에 어떤 의미가 있습니까?
왜 그렇죠?
여러분은 지금 심각한 어려움을 겪고 있습니까?

그러면 요압이 압살롬에게 갔던 것처럼 여러분도 하나님께 나아가기를 바랍니다. 겸손하게 마음을 살피는 특별한 시간이 되게 하십시오. 이제 끊임없이 붙어 다니는 모든 죄를 짓누르십시오.
하나님이 휩쓸고 지나가실 때 여러분은 하나님을 찾으십니까?

매를 맞고 있을 때 과거의 죄를 완전히 고백하고 이제부터 죄의 권세에서 벗어나게 해 달라고 기도하는 것은 순전히 당신의 몫입니다.

아니면, 아무런 시련도 없습니까?

그러면 하나님을 격노하시게 하여 고난을 보내시게 할 만한 일은 없는지 살펴보고 이제 성령으로 말미암아 육과 영의 모든 더러운 것에서 자신을 깨끗하게 하십시오. 병에 걸려 치료하는 것보다 예방하는 것이 낫고, 적절한 시기에 심장을 가끔 점검할 때 심장병으로부터 구할 수 있습니다. 때로 시기적절한 심장 검사는 살아 있는 많은 사람을 구할 수 있습니다.

아니면, 지금까지 고난을 겪었고 이제 그 고난이 끝나 가고 있습니까?

그러면 "고난 겪은 것이 내게 유익이라" 말하며 하나님이 행하신 모든 일에 대해 하나님께 영광을 돌립시다. 십자가의 깊은 상처를 통해 우리에게 보여 주신 모든 은혜를 찬양하는 찬송가를 함께 부릅시다.

사랑하는 친구 여러분!

하나님은 여러분의 보리밭을 불태우셨습니다. 이제 그분께 나아가십시오. 그분께 더 가까이 다가가고 더 굳건히 그분께 매달릴수록 당신의 영혼은 더욱 건강해지고 더욱 위로받습니다. 일평생 위로가 더욱 넘칩니다. 마침내 저와 여러분은 우리에게 고통을 주신 하나님을 찬양하는 노래를 부를 것입니다.

2. 죄인을 위해

회심하지 않은 사람이여!

하나님은 당신을 위해서도 보내셨습니다.

어린 시절에 어머니는 당신이 구주의 사랑을 알게 해 달라고 기도했고, 믿음의 아버지는 당신을 그리스도께 데려가기 위해 그물망처럼 수많은 훈계를 했습니다. 그러나 당신은 이 모든 것을 거절하고 어릴 적 받은 신앙 교육과 약속을 죄로 짓밟았습니다. 그 이후로 당신은 종종 신앙으로 부름을 받았습니다.

우리의 설교가 과녁을 완전히 빗나간 것은 아니었습니다. 때때로 날카로운 말씀은 당신의 양심을 불태우고 당신을 떨게 했습니다. 그러나 떨림은 곧 당신의 옛 죄를 이기지 못했습니다. 지금까지 당신은 부름을 받았지만 거절했습니다.

당신은 또한 성경에서, 신앙 서적에서, 기독교 친구들로부터 부름을 받았습니다. 여러 사람의 거룩한 열심도 당신의 안녕을 바라서 역사해 왔습니다.

청년이여!

당신의 친구가 때때로 당신에게 말했습니다.

당신의 동반자가 당신 때문에 울었습니다.

그러나 여전히 이들의 노고가 지금까지 아무런 효과가 없었습니다. 당신은 당신을 만드신 하나님께 낯선 사람이고 예수 그리스도의 원수입니다.

글쎄요, 이런 부드러운 수단이 먹혀들지 않는다면, 하나님은 다른 방법을 사용하실 것입니다. 어쩌면 하나님은 이미 그것들을 시험해 보셨을지도 모릅니다. 그렇지 않다면, 신적 작정으로 당신을 영원히 구원하기로 하셨다면, 당신이 살아 있는 동안 하나님은 더 강력한 방법을 사용하실 것입니다.

말로 해서 듣지 않는다면, 주먹을 날리실 것입니다. 물론 하나님은 말씀의 능력을 먼저 사용하기 좋아하시지만요.

설교를 듣는 여러분!

회심하지 않고 구원받지 못한 당신도 시련을 겪었습니다. 당신도 그리스도인처럼 웁니다. 당신은 죄 때문에 울지 않을지 모르지만 죄는 당신을 울게 할 것입니다. 당신은 슬픔 때문에 회개를 거절할지 모르지만, 비록 회개를 피한다고 해도 슬픔은 피하지 못할 것입니다.

당신은 질병에 걸렸습니다.

이리저리 뒹굴면서 고통을 참았던 그 지친 날들을 기억하시나요?

깨뜨렸던 서원과 영원하신 하나님께 거짓말로 한 약속을 기억합니까?

만약 당신이 견뎌 내고 하나님의 집과 하나님의 백성이 당신에게 귀중한 존재가 되며 하나님의 얼굴을 구했다면 안식일은 당신에게 기쁨이 되었을 것입니다. 그러나 당신은 그렇게 하지 않았습니다. 당신은 언약을 어기고 하나님께 한 당신의 약속을 멸시했습니다.

아니면 사업상에 손실을 보았습니까?

당신은 인생을 잘 시작했고 희망을 품었지만, 그 어떤 것도 번영하지 못했습니다. 이에 대해 저는 별로 마음 아파하지 않습니다. 푸른 월계수 나무처럼 번영한 사람은 다름 아닌 악한 자들이었음을 기억하기 때문입니다.

시편 기자는 버림받은 자에 관해 말씀합니다.

> 그들은 죽을 때에도 고통이 없고 그 힘이 강건하며 사람들이 당하는 고난이 그들에게는 없고 사람들이 당하는 재앙도 그들에게는 없나니(시 73:4-5).

당신이 재앙을 겪었다니 저는 기쁩니다. 이제 저는 당신이 지옥으로 이끌리지 않고 채찍을 맞으며 천국에 가는 것을 조만간 보게 될 것입니다.

상실했습니까?

하늘 아래 가치 있는 것은 아무것도 없다고 말하고, 세상의 품에서 떼어 버리고, 세상의 부요함이 감당할 수 있는 것보다 훨씬 더 실질적인 것을 찾도록 하는 것은 하나님의 메신저들입니다.

당신도 친구들을 잃었습니다. 잔디가 이제 막 깔린 친구의 무덤을 회상합니다. 저는 당신의 아픈 상처를 건드리고 싶지 않습니다. 그러나 저는 당신의 유익을 위해 그들의 엄숙한 목소리에 귀를 기울이라고 말합니다. 그들은 당신에게 말합니다.

"당신의 하나님께로 오십시오.

그분과 화해하십시오."

성령께서 당신을 데려오기 위해 시련을 사용하지 않으시면, 당신은 예수님께 오지 않을 것입니다. 탕자는 허기진 후에야 집에 돌아왔습니다. 이 고난이 당신에게 복이 되기를 바랄 뿐입니다.

이 외에도 당신은 영적 우울증을 앓았습니다. 지금 그런 우울증을 겪는 몇 분에게 말씀드리겠습니다. 당신은 영적 우울증이 정확히 어떤 건지 모르겠지만, 아무튼 당신은 무엇을 해도 즐겁지 않습니다.

당신은 지난밤 극장에 갔습니다. 차라리 가지 않았으면 좋았으리라 생각합니다. 극장은 당신에게 기쁨을 주지 않았습니다. 그러나 그동안 그랬던 것처럼 그곳에서 즐겁게 지냈습니다. 당신은 동료들과 함께 가는데, 하루의 즐거움이 당신에게 매우 고통스러운 시간 낭비가 되었습니다.

당신은 삶의 활력을 잃었지만, 저는 마음 아파하지 않습니다. 왜냐하면, 이에 따라 당신은 더 나은 삶을 찾게 되고 내세를 의지하게 되기 때문입니다.

다시 말하지만, 이것 역시 여러분의 보리밭을 태우는 행위입니다. 하나님은 당신을 위해 이것을 보냈지만, 당신은 오지 않았습니다. 이제 하나님은 그렇게 쉽게 거절할 수 없는 것을 보내셨습니다.

자, 그럼 만일 하나님께서 이것들을 보내신다면 당신은 말을 듣겠습니까?

저를 절망하게 하는 분들이 있습니다. 하나님은 당신을 구원하실 수 있지만 어떻게 하실지는 장담할 수 없습니다. 확실히 하나님의 말씀은 대접받지 못하는 것 같습니다.

하나님은 당신을 부르셨고 간절히 애원하셨습니다. 아침저녁으로 우리는 당신께 애원했습니다. 우리는 부드러운 마음으로 당신을 갈망했지만, 지금까지는 헛된 일이었습니다. 저는 화강암을 쳐 부수고 있지만, 아직 소득이 없음을 하나님은 아십니다. 단단한 부싯돌을 쳤지만, 깨지지 않습니다.

고난도 역시 당신에게 아무런 소용이 없을 것 같습니다. 고난을 더 겪으면 당신은 더욱 반항할 것입니다. 이미 머리 전체가 병들고 마음 전체가 쇠약합니다. 정수리에서 발바닥까지 상처와 멍과 썩어 가는 종기 외에는 아무것도 남는 것이 없을 때까지 매를 맞았습니다.

당신은 가엾습니다. 아마도 술 취함이 당신을 그렇게 만들었을 것입니다. 당신은 아내를 잃었습니다. 아마도 당신의 잔인함이 그녀를 죽이는 데 역할을 했을 것입니다.

당신은 자녀를 잃었고, 돈 한 푼도 없으며, 친구도 없고, 무력한 거지로 남았지만, 하나님께로 돌아오지 않습니다.

이제 하나님은 당신에게 무엇을 하셔야 할까요?

오, 에브라임아, 너에게 무엇을 하랴?
포기할까?
내가 어떻게 너를 포기할 수 있으랴!

자비의 마음은 여전히 당신을 갈망합니다.
돌아오십시오.

하나님은 당신이 지금이라도 돌아오도록 도와주십니다.

여러분 가운데 누구는 과거에 이 모든 것을 겪지 않았지만 지금 일부를 겪고 있습니다. 하나님의 자비와 우리 주 예수 그리스도의 피로 여러분께 간청합니다. 여러분에게 말씀하시는 분을 업신여기지 마십시오.

하나님은 당신의 사자들을 영원히 계속 보내지 않으십니다. 그분은 얼마 동안 당신을 위해 수고하신 후에 저주에 내버려 두실 것입니다. 보십시오. 왕은 오늘날 위로의 흰 깃발을 휘날리며 당신을 초대하십니다. 그러나 내일 그분은 경고의 붉은 깃발을 휘날릴 수 있으시며, 만일 그래도 말을 듣지 않으시면, 형 집행을 의미하는 검은 깃발을 휘날리실 것입니다. 그때는 모든 희망이 사라집니다.

조심하십시오.

검은 깃발은 아직 휘날리지 않습니다. 붉은 깃발이 휘날립니다. 이 깃발은 지금 당신에게 은총이 들어올 수 있도록 당신의 마음을 활짝 열라고 명하는 하나님의 경고입니다. 그러나 붉은 깃발이 소용없을 때 검은 깃발이 옵니다. 어쩌면 왔을 수도 있습니다.

하나님은 당신이 무너진 마음으로 부르짖도록 도우십니다. 그래서 다음날 축복된 부활을 맞이하는 태양이 뜬다는 희망이 사라지기 전에, 초가 꺼지고 해가 지며 죽은 자의 밤이 오기 전에 당신이 구원받도록 하십시오.

이 모든 것은 어떤 의미가 있습니까?

오늘 아침 제가 전한 말씀이 당신을 왕께 나아오게 할 수 있다면 큰 전리품을 찾은 사람처럼 저는 기뻐 날뛰겠습니다. 물론 성령님이 불가항력적인 능력으로 그렇게 하도록 할 때 가능하다는 것을 저는 압니다.

왜 하나님을 대적합니까?

주님이 당신의 영원한 구원을 계획하신다면 당신의 저항은 헛됩니다.

몇 년 후 그렇게 오랫동안 하나님을 대항했었다는 것을 알게 될 때, 당신은 얼마나 화가 날까요?

하나님의 공성퇴는 당신의 편견을 무너뜨릴 수 있는 강력한 무기입니다.

왜 당신은 당신의 하나님을 대적합니까?

왜 당신은 당신을 지금 사랑하고, 영원한 사랑의 마음으로 사랑해 왔으며, 그리스도의 피로 당신을 구속하신 분을 대적합니까?

당신을 사로잡은 자를 사로잡으신 하나님을, 당신을 하나님의 기뻐하는 자녀로 삼으려 하시는 분을 대적하는 이유가 무엇입니까?

오, 하나님의 영이 죄인인 당신이 있는 그대로 와서 그리스도를 신뢰하도록 하시기를 바랍니다. 만일 그렇게 하면, 당신의 이름은 어린 양의 생명책에 기록되고, 당신은 하나님께 택함을 받았으며, 그분께 소중한 존재이며, 당신의 머리에는 빛나는 불멸의 면류관이 분명 씌워질 것입니다.

오, 그리스도를 믿기 바랍니다!

현재 기쁨과 평화는 세상에서 가치가 있지만, 장차 올 세상에서 임할 큰 영광은 예수님을 믿는 자들에게 속할 것입니다!

그분의 피는 깨끗하게 할 수 있습니다. 그분의 의는 여러분의 죄를 덮을 수 있습니다. 그분의 아름다움은 여러분을 장식할 수 있습니다. 그분의 기도는 여러분을 보존할 수 있습니다. 그분의 강림은 여러분을 영화롭게 합니다. 그분의 천국은 여러분에게 복이 될 것입니다.

그분을 믿으십시오.

그분을 믿도록 하나님이 도와주시기를 바랍니다. 그분은 이제와 영원히 모든 찬양을 받으실 것입니다. 아멘, 아멘.

제6장

제목: 역사상 가장 위대한 시련

■ 본문: 시편 2:2

■ 설교 요약

인간에게 알려진 가장 크고 무서운 시련은 주 예수 그리스도의 시련이다. 시련 내내 주 예수님은 죄인들의 손에 고난을 겪으시면서 오직 아버지의 뜻을 이루기 위해 힘썼다. 그분은 완전한 인내와 궁극적인 자제력을 보여 주신다. 그리스도께서 전능하신 하나님이라는 증거를 보여 주신 곳은 죄인의 법정이다. 빌라도의 권세 아래에서도 그분은 완전한 복종과 자제력을 나타내신다. 그러므로 우리는 그분께 우리 자신을 온전히 맡길 수 있다.

■ 이 설교에서 기억할 만한 문구

"그분을 신뢰하십시오. 그분께 자신을 던지십시오. 사람이 물에 몸을 맡기듯 하십시오. 가라앉거나 헤엄치십시오. 당신은 절대로 가라앉지 않을 것입니다."

"오늘 당신은 그리스도를 당신의 왕으로 받아들여야 합니다. 그렇지 않으면 그분의 피가 당신에게 돌아갈 것입니다."

Spurgeon On Persevering Through Trials

제6장
역사상 가장 위대한 시련

> 세상의 군왕들이 나서며 관원들이 서로 꾀하여 여호와와 그의 기름 부음 받은 자를 대적하며(시 2:2).

우리 주님은 마음이 사악한 유다에게 배신당하신 후, 그분을 잡으러 온 관리들에게 결박되었습니다. 의심의 여지 없이 그들은 예수님의 팔을 무자비하게 비틀어 포승줄로 단단히 묶었습니다. 교부들의 유전에 의하면, 이 줄이 살을 뚫고 뼈까지 결박하니 겟세마네 동산에서 안나스의 집에 이르기까지 진홍빛 피로 자취를 남겼습니다. 우리 구속주는 기드론 시내를 가로지르는 길을 따라 서둘러 끌려갔습니다.

그분은 다윗과 같이 되어서 울면서 그 시냇물을 건너셨습니다. 아마도 그분은 그 더러운 시냇물을 마시셨을 것입니다. 기드론 시내는 성전의 희생 제물에서 나온 모든 오물이 버려진 곳이었습니다. 그리스도는 마치 추접하고 더러운 것인 양 검은 시내로 인도되었습니다.

예수님은 유월절 어린양과 희생양을 항상 몰아가던 양의 문으로 이끌려 예루살렘으로 들어갔습니다. 그들은 그렇게 함으로써 하나님이 모세의 율법에서 정하신 중요한 모형을 문자적으로 따랐습니다. 그러나 그들은 이해하지 못했죠.

그들은 하나님의 어린양을 양의 문으로 인도해서 당시 높은 위치에 있던 대제사장 안나스의 집으로 서둘러 끌고 갔습니다. 여기에서 그들은 예수님을 희생양으로 삼아 피에 굶주린 안나스를 만족시키기 위해 잠시 머물렀습니다.

그 후 그들은 서둘러 가야바의 집으로 예수님을 데리고 갔습니다. 그곳에는 한밤중이 조금 지났음에도 불구하고 많은 산헤드린 공회 의원이 모여 있었습니다. 틀림없이 아주 짧은 시간에 나머지 장로들은 어떤 재빠른 전령의 소식을 듣고 모두 모여 악한 모사를 꾸미는 일을 기뻐하며 앉아 기다렸을 것입니다.

베드로처럼 멀리서가 아니라 요한처럼 우리 주 예수 그리스도를 좇읍시다. 예수님과 함께 대제사장의 집에 들어가 잠시 거기 있다가 우리 구주께서 혹독하게 학대당하시는 것을 본 후, 주님과 함께 길을 건너 빌라도의 집에 이르고 헤롯의 집에 도착합시다.

그 후 그리스도는 "돌을 깐 뜰"에서 살인자 바라바와 치욕적인 경쟁에 서게 되십니다. 그곳에서 우리는 백성이 "그를 십자가에 못 박으라. 십자가에 못 박으라"라고 외치는 소리를 듣습니다.

형제 여러분!

주님께서 희생 제물의 재와 찌꺼기에 관한 계명을 주신 것처럼, 우리는 우리의 큰 번제와 관련하여 아무리 사소한 것이라도 생각해야 합니다. 제가 하고 싶은 말은 "남은 조각을 거두어 버리는 것이 없게 하라"는 것입니다. 금 세공인들이 금가루라도 버리지 않으려고 가게를 쓸듯이 예수님의 말씀 하나하나를 귀하게 여겨야 합니다.
　그러나 제가 여러분에게 하는 이야기는 특히 중요합니다. 옛적에 기록된 것, 선견자들에 의해 예언된 것, 사도들이 증거한 것, 전도자들이 기록한 것, 하나님의 대사들이 출판한 것은 소홀이 여겨서는 안 됩니다. 엄숙하고 경건하게 관심을 보여야 합니다. 경외하는 마음으로 만왕의 왕이 겪으신 수치와 고통의 길에서 그분을 따릅시다.

1. 가야바의 전당

　그다음 가야바의 전당으로 갑시다. 폭도들이 우리 주님을 안나스의 집에서 끌어낸 후 가야바의 궁에 이르렀고 대제사장이 죄수에게 심문하러 나오기까지 잠깐의 간격이 있었습니다.
　그 슬픔의 시간을 어떻게 보냈습니까?
　가엾은 희생자에게 자기 생각을 정리할 수 있는 시간이 주어졌을까요?
　그래서 자기를 고발하는 자들을 침착하게 대할 수 있도록 말입니다.
　천만에요!
　누가는 그 가엾은 이야기를 들려줍니다.

　　지키는 사람들이 예수를 희롱하고 때리며 그의 눈을 가리고 물어 이르되 선지자 노릇 하라 너를 친자가 누구냐 하고(눅 22:63-64).

　재판장은 죄수와 면담하고 있었고, 관원들은 그렇게 중요한 재판을 받기 전에 피고인이 잠시 쉬도록 하는 대신에 악한 행동을 표출하는 데 온 시간을 할애했습니다. 예수님은 그동안 스스로 메시아라고 주장하셨는데, 이들은 이것을 놓고 얼마나 예수님을 모욕하는지 관찰하십시오. 그들은 예수님의 눈을 가리고 차례로 때리면서 즐거움을 위해 예수님께 예언적 은사를 행사하라고 하고 자기를 친 자가 누구인지 맞혀 보라고 명령합니다.

오, 얼마나 수치스러운 질문입니까!

예수님은 아무 말도 하지 않으셨는데, 그분의 침묵이 얼마나 은혜로운가요? 예수님의 대답이 그들을 영원히 시들게 할 수도 있었기 때문입니다.

그리스도를 치는 모든 자가 그분의 눈이 멀었다고 생각했지만, 예수님은 그들을 보셨음을 알게 될 날이 올 것입니다.

신성 모독자, 세속적인 사람, 부주의한 사람이여!

당신이 그리스도의 사역과 그리스도의 백성에 대해 행한 모든 것이 사람과 천사의 눈앞에 공개되고 그리스도께서 당신 질문에 대답하실 날이 올 것입니다. 그분을 쳤던 자가 누구인지 말할 것입니다.

저는 오늘 아침에 그리스도께서 그들을 보고 계신다는 사실과 그들이 그분의 백성을 학대했다는 사실을 잊어버린 어떤 분들에게 말합니다. 사람의 심판자가 머지않아 당신을 지적하여, 당신이 그리스도의 교회를 쳤을 때, 구세주를 쳤음을 수치스러움으로 자백하게 할 것입니다.

이들의 조롱이 끝나자 대제사장 가야바가 들어왔습니다. 그는 공개 재판이 시작되기 전에 즉시 주님을 심문하기 시작했는데, 틀림없이 예수님이 하신 말씀을 트집 잡으려고 했을 것입니다. 대제사장은 먼저 예수님의 제자들에 관해 물었습니다. 우리는 그가 어떤 질문을 했는지 모릅니다. 여기에서 우리 주 예수님은 한마디도 말씀하지 않으셨습니다.

왜 이렇게 침묵하셨을까요?

왜냐하면, 우리의 변호사이신 예수님은 자기 제자들을 고발하지 않으시기 때문입니다. 그분은 이렇게 대답하실 수도 있을 것입니다.

"겁쟁이들이 나를 버렸다. 한 사람이 배신자로 판명되었고 나머지는 발길을 돌렸다. 저쪽에 불 옆에 앉아 손을 따뜻하게 쬐는 이가 있는데, 방금 나를 모른다고 부인하는 맹세를 했다."

아닙니다. 그분은 비난의 말을 한마디도 하지 않으셨습니다. 자기 백성을 위해 중보할 수 있는 강력한 입술을 가지신 분은 절대로 그들을 비방하지 않으실 것입니다. 사탄은 중상모략하는 자이지만, 그리스도는 하나님께 간청하는 분이십니다.

다음으로 대제사장은 예수님의 교리에 관해 물었습니다. 그분의 가르침이 위대한 입법자 모세의 원래 가르침과 모순되지 않는지, 그리고 그분이 바리새인들을 욕하고 서기관들을 매도하며 관원들을 위험에 처하게 하지 않았는지 조사했습니다. 스승의 대답은 우아했습니다. 진리는 절대로 부끄럽지 않습니다. 그분은 자신의 공적 삶을 최고의 답으로 담대히 말씀하셨습니다.

"나는 세상에 공개적으로 말했습니다.

나는 항상 유대인들이 모이는 회당과 성전에서 가르쳤고, 은밀히 아무 말도 하지 않았습니다.

왜 나에게 묻습니까?

내가 한 말을 들은 사람들에게 물어보십시오.

사실 그들은 내가 한 말을 알고 있습니다."

주님의 말씀에는 궤변이 없습니다. 회피하지 않으셨습니다. 진리를 위한 최고의 갑옷은 꾸밈없는 솔직함입니다. 그분은 시장과 산꼭대기와 성전 뜰에서 전파하셨습니다. 구석진 곳에서는 아무것도 전파하지 않으셨습니다.

그렇게 우아하게 방어할 수 있는 사람은 행복합니다.

화살이 이렇게 조목조목 논리적으로 말을 잘하는 분의 어디를 꿰뚫을 수 있겠습니까?

야비한 가야바가 교활한 질문으로 얻는 것은 거의 없었습니다. 나머지 질문에 대해 우리 주 예수님은 자신을 변호하는 말씀을 하지 않으셨습니다. 그분은 어린 양이 이리에게 애원하는 것이 아무 소용이 없다는 것을 아셨습니다. 무슨 말을 하든 곡해할 것이며 비난을 위한 새로운 건수가 될 줄 잘 아셨습니다.

더욱이 그분은 "마치 도수장으로 끌려가는 어린 양과 털 깎는 자 앞에서 잠잠한 양같이 그의 입을 열지 아니했도다"는 예언을 의도적으로 성취하기를 원하셨습니다.

그러나 이런 침묵 속에서 그분은 얼마나 큰 권능을 행사하셨습니까!

아마도 이런 자기 절제력보다 그리스도의 전능하심을 더 온전히 나타내는 것은 없을 것입니다.

하나님을 통제합니까?

신적 힘보다 못한 어떤 힘이 이런 일을 시도할 수 있겠습니까?

나의 형제들이여!

하나님의 아들은 바람을 다스리고 파도를 칭찬하는 것보다 더 많은 일을 하십니다. 그분은 자신을 절제하십니다. 그리고 한마디 말, 작은 속삭임 한마디로도 자기 원수와 논쟁하여 이기셨고, 그들을 영원한 멸망에 이르게 할 수 있는데도 "자기 입을 열지 않으셨습니다." 원수를 위해 입을 여는 자는 자신을 위해 한마디도 하지 않을 것입니다. 침묵이 황금 이상의 가치가 있다면, 그것은 무한한 도발 아래에서도 유지하는 이 깊은 침묵입니다.

이 예비 조사를 당하는 동안 우리 주님은 분노를 느끼셨습니다. 예수님이 "내 말을 들은 자들에게 물어보라"고 말씀하셨을 때 무리 가운데서 어떤 참견

잘하는 사람이 그의 뺨을 때렸습니다. 이제 우리의 복된 주님께서 그토록 많은 고통을 당하신 것을 고려할 때, 이 사람의 역할은 중요하지 않아 보입니다. 그러나 이 사람의 행위는 미가서 5장 1절 말씀을 이루기 위함입니다.

> 그들이 우리를 에워쌌으니 막대기로 이스라엘 재판자의 뺨을 치리로다 (미 5:1).

재판받는 동안 행하는 구타는 특히 잔인합니다. 자기 스스로 변호하는 동안 사람을 때리는 것은 법을 위반하는 행위입니다. 심지어 야만인의 법에서조차 금지하는 일입니다. 바울의 경우가 떠오릅니다. 대제사장이 바울의 입을 치라고 명했을 때 바울은 피가 끓었고 평정심을 잃었습니다. 그의 분노하는 소리가 들리는 것 같습니다.

> 바울이 이르되 회칠한 담이여 하나님이 너를 치시리로다 네가 나를 율법대로 심판한다고 앉아서 율법을 어기고 나를 치라 하느냐 하니 (행 23:3).

바울이 냈던 화를 고려하면 우리 주님의 온유하심이 얼마나 영광스러운지 보입니다.
주님의 이 부드러운 음성이 바울의 것과 얼마나 큰 대조를 이룹니까?

> 예수께서 대답하시되 내가 말을 잘못했으면 그 잘못한 것을 증언하라 바른 말을 했으면 네가 어찌하여 나를 치느냐 하시더라 (요 18:23).

이제 재판 관계자들은 모두 앉아 있습니다. 위대한 산헤드린의 구성원은 모두 각자 자리에 앉아 있고 그리스도는 최고 교회 법정에서 공개 재판을 받기 위해 끌려 나갔습니다. 억지를 부르든 거짓 증거를 만들든, 주님을 유죄로 인정하리라는 것은 이미 알려진 결론입니다.

그들은 증인을 찾기 위해 동네를 샅샅이 뒤졌습니다. 예루살렘에는 돈으로 쉽게 매수할 수 있는 사람이 많았습니다. 그들은 많은 보수만 주면 그 어떤 것이든 기꺼이 맹세할 것입니다. 그러나 이 모든 일에 증인들은 스스로 위증할 준비가 되어 있었지만, 서로 주장하는 말이 틀렸습니다. 증인들을 따로 불러서 이야기를 들은 후 종합해 보았지만, 일관성이 없었습니다. 마침내 두 사람이 나타났습니다. 그들의 증언은 어느 정도 비슷했습니다. 그들은 둘 다 거짓말쟁이였지만, 그들의 거짓말은 일치했습니다.

그들은 "손으로 지은 이 성전을 내가 헐고 손으로 짓지 아니한 다른 성전을 사흘 동안에 지으리라"고 말씀하셨다고 선언했습니다. 여기에 첫 번째로 잘못된 인용이 있습니다.

예수님은 "내가 성전을 헐겠다"고 말씀하신 적이 없습니다. 그분의 말씀은 "이 성전을 헐라 내가 사흘 동안에 일으키리라"였습니다. 그들이 어떻게 예수님의 말씀을 자기들의 목적에 맞게 왜곡하는지 보십시오.

그리고 그들은 단어를 잘못 인용했을 뿐만 아니라 의미를 잘못 표현했습니다. 왜냐하면, 예수님은 그들이 예배하는 문자 그대로의 성전이 아니라 그분의 몸으로서의 성전에 관해 말씀하셨기 때문입니다. 그들은 분명 이것을 알고 있었을 것입니다. 그분은 "이 성전을 헐라"고 말씀하셨으며, 십자가에서 죽은 후 영광스러운 부활로 다시 살아남으로 성전은 자기 몸을 의미한다는 것을 그들에게 보여 주고자 했습니다.

이렇게 허위 진술을 한 후에도 아직 증인들의 진술은 사형을 내릴 근거로 충분하지 않았습니다. "이 성전을 헐라 내가 사흘 동안에 일으키리라"는 말씀이 죽음을 가져올 정도는 아니었습니다. 그러나 인간이 그리스도를 미워하기로 마음먹으면 이유가 필요 없습니다. 무조건 미워할 것입니다.

그리스도의 대적인 당신들을 비롯하여 많은 사람이 그러합니다. 당신들은 주님의 거룩한 종교를 반대하려는 어떤 구실을 고안하려고 합니다. 그러나 당신들의 증언이 참되지 않은 것과 구세주를 받아들이지 않음으로 당신들이 겪는 양심의 시련을 당신들은 압니다. 그분을 조롱하지 말고 지금 그분께 복종하십시오.

대제사장은 예수님을 심하게 고문했음에도 불구하고 증거가 불충분하여 고발할 수 없음을 알았습니다. 그러자 이제는 그분이 "찬송받으실 이의 아들 그리스도"이신지 아닌지, "복을 받은 자"인지 아닌지 대답하라고 명령합니다. 이런 명령을 받으신 우리 주님은 우리에게 비겁한 모습으로 남으시지 않았습니다. 그렇게 하심으로써 우리 주님은 우리에게 비겁한 본보기가 되지 않으실 것입니다.

그분은 "내가 그니라"고 말씀하신 다음, 이것이 참이라는 사실을 얼마나 완전히 아셨는지를 보여 주기 위해 이렇게 덧붙이셨습니다.

> 인자가 권능자의 우편에 앉은 것과 하늘 구름을 타고 오는 것을 너희가 보리라(막 14:62).

저는 유니테리언들이 이 사건을 어떻게 해석할지 궁금합니다. 그리스도께서는 자신을 하나님의 아들이라고 선언하셨다는 이유로 신성 모독죄로 죽임을 당하셨습니다.

분별력 있는 사람이라면 누구라도, 당한 고발의 내용을 부인해야 하지 않을까요?

그분이 정말로 하나님의 아들이라고 주장하지 않으셨다면, 바로 지금 그런 적이 없다고 말씀해야 하지 않을까요?

그러나 아닙니다. 그분은 그동안 해 오셨던 주장을 피로 인봉하십니다. 그분은 자신을 고소하는 무리 앞에서 공개적으로 증언하십니다.

이제 드디어 끝났습니다. 그들은 더 이상의 증거를 원하지 않습니다. 재판관은 공평해야 하는 자신의 위치를 망각하고, 공포에 질린 척하고 옷을 찢고 동료 재판관에게 돌아서서 더 이상의 증인이 필요한지 묻습니다. 만장일치의 표시로 손을 들고 즉시 사형을 선고했습니다.

아, 형제들이여!

예수님이 정죄를 받자마자, 대제사장은 의자에서 내려와 주님의 얼굴에 침을 뱉습니다. 그러자 산헤드린 회원들이 대제사장을 따라 침을 뱉고 주님의 뺨을 때립니다. 그런 다음 그들은 주님을 뜰에 모인 폭도에게 돌려보내자, 그들은 주님을 이리저리 끌고 다니며 보배로운 뺨에 침을 뱉고 때립니다.

그들은 또다시 주님의 눈을 가리고 의자에 앉히고 주먹으로 때리며 외칩니다.

"예언자여!

예언자여!

예언자여!

누가 당신을 때렸는지 예언해 보라."

그리하여 구주께서는 가장 잔인하고 모욕적인 대우를 두 번째로 받으셨습니다. 우리에게 눈물이 있었다면, 동정심이 있었다면, 마음이 있었다면, 지금 눈물을 흘리고 마음을 아프게 할 준비를 해야 합니다.

오, 생명과 영광의 주님이시여!

주님은 거룩한 진리의 수호자, 무결성의 보안관, 율법 교사인 척하는 자들에게 얼마나 수치스러운 대우를 받았으셨습니까!

지금까지의 고난을 간략하게 요약했습니다. 제가 할 수 있는 한 그 재판을 간략하게 요약한 후, 교회 법정에서의 이 전체 재판을 통틀어 그들이 할 수 있는 모든 경멸적인 행동을 다 쏟아 부어서 주님의 두 가지 주장을 명백히 밝혔습니다. 하나는 예수님의 신성, 또 하나는 메시아 되심입니다.

자, 오늘 아침, 저와 여러분은 둘 중 한 입장에 서야 합니다.

하나는 그분의 신격을 기쁘게 인정하고 그분을 메시아 곧 옛적부터 약속된 구주로 받아들이는 것입니다.

다른 하나는 하나님과 그리스도의 적대자들과 같은 자리에 서는 것입니다.

당신은 자신에게 질문할 것입니다.

"나는 이제 어느 편에 설 것인가?"

그리스도의 신성을 증명하기 위해 이 법정이 제공하는 것보다 더 많은 증거가 필요하다고 생각하지 마십시오.

친애하는 친구 여러분!

침 뱉음을 당하고 매질을 당한 사람은 다름 아닌 성육신하신 하나님이시라는 사실을 감히 위험에 빠뜨릴 수 있는 종교, 그런 거짓 종교는 천하에 없습니다. 어떤 거짓 종교도 그 정도로 추종자들의 믿음을 끌어내리려고 하지 않을 것입니다.

그곳에서 아무 말도 하지 않고 조롱받으며 멸시당하고 거절당해도 아무것도 하지 않은 사람은 도대체 누구란 말입니까?

그는 하나님입니까?

무함마드나 아니면 어떤 거짓 선지자도 그렇게 놀라운 교리를 믿도록 요구하지 않습니다. 그들은 인간의 믿음에도 한계가 있다는 것을 너무도 잘 알고 있으며, 멸시받는 사람이 다름 아닌 바로 만물을 유지하시는 분이라는 놀라운 주장을 감히 하지 않았습니다. 어떤 거짓 종교도 모든 것의 창시자이시며 주님이신 그분을 그렇게 낮추는 진리를 가르치지 않습니다. 게다가 그런 생각을 고안한 것은 인간이 만든 종교의 힘이 아닙니다.

하나님은 입으로 침을 토한 자들을 구속하기 위해 침 뱉음을 기꺼이 당하셔야 합니다!

어떤 책에서 이런 기적을 읽는단 말입니까?

우리에게는 상상 속 그림이 있습니다. 우리는 낭만적인 이야기에 매혹되었고 인간 천재가 만든 비행기에 경탄했습니다.

그런데 어디서 "하나님이 육신이 되어 우리 가운데 거하신다"는 이야기를 읽어 본 적이 있습니까?

그분은 멸시와 채찍질과 조롱과 만물을 더럽히는 자로 여김을 받으시고, 잔인하게 취급당하셨으며, 개보다 더 못한 대우를 받으셨습니다. 주님은 원수에 대한 순수한 사랑 때문에 이런 대우를 받으셨습니다. 이런 생각은 너무나 위대합니다. 오직 하나님만이 하실 수 있습니다. 이런 이야기는 하나님이 아니고서는 들려줄 수 없기에 사실임이 틀림없습니다. 영광의 가장 높은 보좌에서 가장 깊은 수치와 비애의 십자가까지 낮아지는 일은 하나님 외에는 아무도 생각하지 못했습니다.

십자가 교리가 사실이 아니라면 그런 효과가 나타날 수 있을까요?

한때 식인 풍습의 피로 붉어졌던 남양 제도(South Sea Islands)가 어떻게 이제는 거룩한 노래가 들리고 평화가 머무는 곳이 될 수 있었을까요?

이 섬은 하나님의 자비로운 복음의 영향으로 이렇게 변했습니다.

만일 복음이 가짜라면 이런 일이 일어날 수 있을까요?

복음은 거짓이 아닙니다.

예수님이 메시아시라는 사실을 누가 의심하겠습니까?

하나님이 선지자를 보내셔야 한다면 이보다 더 좋은 선지자가 어디 있겠습니까?

예수님보다 더 완전한 인간이자 하나님인 존재를 생각할 수 있습니까?

여러분은 어떤 구세주를 원하십니까?

무엇이 양심의 열망을 더 잘 만족시킬 수 있겠습니까?

누가 예수님보다 마음에서 우러나오는 사랑이 더 많을까요?

예수님과 경쟁할 사람은 아무도 없습니다.

그분은 하나님의 메시아임이 틀림없습니다.

자, 이제 어느 편에 서시겠습니까?

주님을 치겠습니까?

어떤 사람은 말합니다.

"저는 예수님을 치지 않겠지만, 그분을 받아들이지도 믿지도 않습니다."

그렇다면 당신은 그분을 치는 것입니다.

다른 사람이 말합니다.

"저는 그분을 미워하지 않지만, 그분으로 말미암아 구원받지도 않습니다."

당신은 그분의 사랑을 거부함으로써 그분을 칩니다.

그 고통받으시는 분은 자기를 믿을 모든 사람의 자리와 장소에 대신해 서 계십니다.

그분을 믿으십시오.

그분을 믿으십시오.

그러면 당신은 그분을 당신의 하나님, 메시아로 받아들인 것입니다.

그분을 믿지 않습니까?

그분을 거부합니까?

그러면 당신은 그를 친 것입니다.

오늘날 주님을 믿는 것이 별일 아니라고 생각할지 모르나 그분이 하늘 구름을 타고 내려오실 때 당신은 당신의 죄가 참빛으로 비춰지는 것을 보게 될 것입니다. "만왕의 왕이고 만주의 주로서" 통치하시는 분을 거절했다고 생각할 때 당신의 몸은 떨릴 것입니다. 오늘 주님을 당신의 하나님이자 그리스도로 받아들일 수 있게 하나님이 도우시기를 바랍니다.

2. 로마인들 앞에서

로마인들은 유대인들에게서 사형권을 **빼앗**았습니다. 그들 스스로 사형을 집행했지만, 스데반의 경우처럼 대중의 소란을 이용하여 사형을 집행하기도 했습니다. 이제 우리 구주의 경우에는 그렇게 할 수 없었습니다. 왜냐하면, 백성들 사이에 그리스도에 대한 호의가 여전히 강했기 때문입니다.

통치자들이 뇌물을 주지 않았다면 그들은 절대로 "그를 십자가에 못 박아라. 그를 십자가에 못 박아라"라고 말하지 않았을 것입니다. 여러분은 제사장들과 관원들이 "민란이 날까 하노니"라고 말하면서 명절에 주님을 체포하지 않았다는 것을 기억할 것입니다.

게다가 유대인의 사형법은 돌로 치는 것이었습니다. 따라서 주님은 그분을 미워하는 사람들이 충분하지 않으면 절대로 죽임을 당하지 않았을 것입니다. 이런 이유로 유대인들은 사람을 죽일 때 돌로 치는 방법을 선택했던 것입니다. 즉, 일반적으로 사람이 결백하다고 생각되면 그를 돌로 치는 사람이 거의 없기 때문입니다.

그리고 그가 비록 불구가 되더라도 그의 생명은 살릴 수 있을 것입니다. 그들은 구주께서 지난번처럼 사람들이 돌을 들어 치려 할 때 피하셨던 것처럼 이번에도 그렇게 하실 수 있으리라 생각했습니다.

더욱이 그들은 예수님이 저주받은 자들이 죽는 방식으로 죽기를 바랐습니다. 노예나 범죄자들이 당하는 죽음을 맛보게 하고자 했습니다.

그러므로 그들은 주님을 빌라도에게로 보냅니다. 거리는 약 1마일이었습니다. 그는 같은 잔인한 방식으로 결박되었고 틀림없이 밧줄은 주님의 살을 파고들었을 것입니다. 그분은 이미 가장 끔찍한 고통을 겪으셨습니다.

지난 안식일 주간의 피땀을 기억하십시오. 그런 다음 그분은 이미 두 번 매를 맞으셨습니다. 그리고 그분은 이제 아침이 밝아오자마자 잠시 쉴 틈도 없이 서둘러 끌려가십니다. 결박된 채로 길을 따라 급히 끌려가십니다. 여기에서 로마 작가들은 그들의 매우 풍요로운 상상에서 나온 고통을 자세히 묘사합니다.

예수님을 빌라도에게 데려온 후에 어려움이 생겼습니다. 이 거룩한 사람들, 아주 의로운 이 장로들은 빌라도의 무리에 올 수 없었습니다. 빌라도가 이방인이기 때문에 그들을 더럽힐 것입니다. 왕궁 밖에는 이런 날을 위해 앉는 연단같이 높고 넓은 곳이 있었습니다. 이곳에 앉으면 이 복된 유대인들과 접촉하지 않을 수 있었습니다. 그래서 그는 돌을 깐 뜰로 나왔고, 유대인들은 뜰 안으로 들어가지 않았습니다.

낙타를 삼킬 수 있는 큰 죄인은 모기와 같은 작은 일에 힘을 쏟고, 큰 죄를 지을 사람들은 자신의 종교 행위에 영향을 미치겠다고 생각하는 사소한 일을 위반하지 않을까 매우 두려워한다는 점을 항상 주의하십시오. 사실 대부분의 위선자는 율법의 더 중요한 문제를 경시합니다. 대신 특정한 날, 의식 및 관습을 문자적으로 철저히 준수하기 위해 부단히 노력합니다.

빌라도는 결박된 채 끌려오신 예수님을 받습니다. 그분께 제기된 혐의는 물론 신성모독이 아니었습니다. 빌라도는 웃으면서 유대인들이 재판에 끼어들지 못하게 했을 것입니다. 유대인들은 예수님이 선동을 일으키고 왕인 체하며 가이사에게 조공을 바치는 것이 옳지 않다고 가르쳤다고 고발했습니다. 이 마지막 혐의는 명백하고 확실한 거짓말이었습니다.

세금을 내기 위해 물고기의 입에서 동전을 찾으라고 사람을 보내지 않았습니까?

예수님은 헤롯당에게 "그러므로 가이사의 것은 가이사에게 바치라"고 말씀하지 않으셨습니까?

선동을 일으키는 그가 "머리 둘 곳이 없는" 분 아닙니까?

백성들이 억지로 주님을 왕으로 삼으려고 했을 때, 가이사에게서 왕관을 강탈하려고 했나요?

오히려 몸을 숨기지 않았습니까?

이보다 더 사악한 거짓말은 없습니다.

빌라도는 예수님을 심문했습니다. 그는 예수님의 침묵과 대답에서 그가 가장 비범한 사람임을 즉시 발견합니다. 빌라도는 예수님이 주장하시는 왕국이 초자연적임을 인식합니다. 그는 그것을 이해할 수 없습니다.

그는 예수님께 왜 세상에 오셨는지 묻습니다. 예수님은 "진리에 대해 증언"하기 위해서라고 말씀하시며 그를 당황하게 하고 놀라게 했습니다. 어떤 로마인도 이 말을 이해하는 사람은 없었습니다. 빌라도가 오기 100년 전, 유구르타(Jugurtha)는 로마에 대해 "팔리는 도시"(a city for sale)라고 말했습니다. 뇌물, 부패, 거짓, 배신, 악행이 로마의 신이었고 진리는 아주 멀리 사라졌습니다. 진리라는 단어의 의미는 거의 알려지지 않았습니다.

그래서 빌라도는 의아해하며 "진리가 무엇인가" 하고 물었습니다.

"나는 이 나라의 검찰총장이다. 내가 걱정하는 것은 돈뿐이다."

"무엇이 진리인가?"

저는 빌라도가 진정으로 진리가 무엇인지 알고 싶어서 "무엇이 진리인가"라고 물었다고 생각하지 않습니다. 분명히 그는 예수님의 대답을 듣기 위해 잠시 시간을 갖고 이후에 예수님에게서 떠나지 않을 수 있었습니다. 그는 "쳇, 무엇이 진리란 말이야"라고 말했던 것입니다.

그러나 그 죄수에게는 너무나 무시무시한 어떤 것이 있었습니다. 빌라도의 아내의 꿈과 그녀의 메시지는 모두 이 매우 나약한 통치자가 미신적인 두려움에 휩싸이도록 영향을 미쳤습니다. 그래서 그는 다시 돌아와서 유대인들에게 두 번째로 "나는 그에게서 아무 잘못도 찾지 못했다"고 말했습니다. 그들이 "그가 온 유대에서 가르치고 갈릴리에서부터 시작하여 여기까지 와서 백성을 소동하게 하나이다"라고 말했을 때, 그는 "갈릴리"라는 단어에 주목했습니다. 그는 생각했습니다.

"이제 이 사건에서 발을 빼야겠다. 백성이 제 길을 갈 것이니 나는 죄가 없으리라."

"갈릴리?"

그가 말했습니다.

"헤롯이 그곳의 통치자가 아닌가. 당신들은 즉시 그를 헤롯에게 데려가는 것이 좋을 것이다."

그렇게 해서 일석삼조를 얻을 수 있었습니다. 그는 헤롯을 친구로 삼았고, 이번 사건에서 손을 뗄 수 있고, 폭도들을 기쁘게 할 수 있었습니다. 그들은 다시 주님을 헤롯에게 데려갑니다.

오, 저는 복된 하나님의 어린 양이 다시 거리로 내몰리는 광경을 봅니다.

그런 이야기를 읽은 적이 있습니까?

어떤 순교자도 구주처럼 그렇게 괴롭힘을 당하지는 않았습니다. 우리는 그분의 고뇌가 모두 십자가에 국한되어 있다고 생각해서는 안 됩니다. 예수님의 고통은 이 거리에서 이미 시작되었습니다. 수많은 구타와 발길질과 주먹질을 견뎌야 했습니다.

그들은 예수님을 헤롯 앞으로 데려갔고, 헤롯은 예수님이 일으키신 기적에 대해 듣고, 놀라운 일, 즉, 약간의 마술 같은 것을 직접 보고 싶어 했습니다. 그리고 그리스도께서 아무 말씀도 하지 않으시고, "저 여우" 앞에서 그 어떤 간청도 하지 않으시자, 헤롯은 주님을 비웃었습니다. 그들은 예수님에게서 그 무엇도 얻을 수 없었습니다.

그 장면을 상상할 수 있겠습니까?

헤롯과 그의 신하들, 부관들, 가장 비열한 군인들까지 모두 구세주를 크게 비웃습니다.

예수님의 뺨을 보십시오. 그들이 때린 곳이 모두 멍이 들었습니다.

왕의 얼굴이 이럴 수 있을까요?

그들이 말합니다.

"보라, 그는 여위었다. 밤새도록 핏방울을 흘렸던 것처럼 피로 뒤범벅이 되었다. 제왕의 자주색이 이렇단 말인가?"

그래서 그들은 그분을 무시하고 그분의 왕권을 멸시했습니다.

헤롯이 말했습니다.

"고귀한 흰옷을 가져와라. 그가 왕이니 왕의 옷을 입히자."

그래서 흰 옷을 예수님께 입혔습니다. 자주색 옷이 아닙니다. 자주색 옷은 나중에 빌라도가 입혔습니다.

주님은 옷 두 벌을 입으셨습니다. 하나는 유대인들이 입혔고, 다른 하나는 이방인들이 입혔습니다. 이는 "내 사랑하는 자는 희고도 붉어"라는 솔로몬 노래를 잘 대변하는 것 같습니다. "유대인의 왕"이라는 표시가 있는 화려한 흰 옷, 그리고 후에 빌라도가 그분의 어깨에 걸친 자주색 옷입니다.

이 자주색 옷은 주님이 만국의 왕이심을 증명합니다. 그래서 헤롯과 그의 군인들은 가능한 한 주님을 수치스럽게 대하고 다시 빌라도에게 보냈습니다.

거리를 지나는 또 다른 여행이 시작되었습니다. 수치스러운 소동, 쓰라린 경멸, 그리고 잔인한 구타가 이어집니다.

형제들이여!

예수님은 수많은 죽음을 겪으셨습니다. 한 번 죽으신 것이 아닙니다. 주님은 계속 죽음을 짊어지고 법정에서 끌려가셨습니다.

보십시오. 그들은 예수님을 두 번째로 빌라도에게 데려갑니다. 빌라도는 다시 그분을 살리고 싶었습니다. 그분을 놓아주겠다고 말합니다.

군중은 "안 됩니다. 안 됩니다"라고 소리칩니다. 그는 자비로운 대안을 제시했지만, 여전히 잔혹한 것이었습니다.

그러므로 때려서 놓겠노라(눅 23:16).

빌라도는 주님을 채찍질하도록 관리들에게 넘겨주었습니다. 로마의 채찍은 매우 무시무시했습니다. 그것은 소의 힘줄과 작고 날카로운 뼛조각으로 만들어졌으며 가장 무서운 열상을 유발했습니다. 그 힘줄 사이에는 작고 날카로운 뼛조각이 얽혀 있어 채찍이 내려갈 때마다 이 뼛조각들은 곧장 살 속으로 들어가 살갗을 찢으니 피를 흘리게 할 뿐만 아니라 피부도 벗깁니다.

구세주는 기둥에 묶인 채 매를 맞으셨습니다. 그분은 전에도 구타당하셨지만, 이 로마의 채찍질은 분명 가장 가혹했을 것입니다.

빌라도는 예수님을 때린 후, 군인들에게 잠시 넘겨주어 조롱하게 하여, 예수님의 왕권에 대해 알지 못했으며 어떤 반역에도 가담하지 않았다는 것을 증언할 수 있도록 했습니다. 군인들은 그분의 머리에 가시관을 씌우고 그 앞에 절하고 침을 뱉고 손에 갈대를 쥐어주었습니다. 그들은 가시 면류관을 예수님 몸으로 찔러 넣고 자색 옷을 입혔습니다.

빌라도가 예수님을 데리고 나와 "보라 그 사람이로다"라고 말했습니다. 저는 그가 동정심에서 그렇게 했다고 믿습니다. 그는 이렇게 생각했을 것입니다.

"이제 그에게 상처를 입히고 찢었으니, 죽이지 않아도 되겠구나.

이 잔혹한 모습은 군중의 마음을 움직일 것이다."

오, 사탄이 그들을 부싯돌보다 단단하게 강철보다 더 강퍅하게 만들지 않았다면 그들의 마음은 녹았을 것입니다.

그러나 어림없습니다. 그들은 외칩니다.

"십자가에 못 박으라!

십자가에 못 박으라!"

그래서 빌라도는 그들의 말을 다시 듣습니다. 그리고 그들은 "그가 신성모독 했다"고 말을 바꾸었습니다. 빌라도는 이 혐의를 처리할 수 없었습니다.

빌라도는 그의 미신을 다시 불러일으키자 그를 죽이기를 더 두려워했습니다. 그는 다시 나와서 "나는 그에게서 아무 잘못도 찾지 못했노라"라고 말했습니다.

그 사람의 마음속에서 선과 악이 얼마나 치열하게 전쟁하고 있습니까!

그러나 그들은 다시 소리쳤습니다.

"이 사람을 놓으면 가이사의 친구가 아니다."

그들의 말은 효과를 발휘했습니다. 빌라도는 이제 그들의 요구에 굴복합니다. 대야에 물을 붓고 모든 사람 앞에서 손을 씻으시며 말합니다.

"이 사람의 피에 대해 나는 무죄하니 너희가 당하라."

그는 비참한 방법으로 이 위기에서 탈출합니다. 그 물은 그의 손에서 피를 씻을 수 없었지만, 유대인들의 울부짖음은 주님의 피를 그들의 머리에 돌리기에 충분했습니다.

그 후 빌라도는 재판관으로서 돌을 깐 뜰에서 마지막 필사적인 권한을 행사합니다. 그는 예수님을 정죄하고 그들에게 그분을 데려가라고 명령합니다. 그러나 예수님이 처형되시기 전에 호전적인 개들이 다시 그분을 물것입니다. 두 번째로 예수님을 데려갈 때 유대인들은 의심의 여지 없이 군인들에게 뇌물을 주어 심한 조소를 퍼붓게 했을 것입니다. 또다시 그분을 조롱하고, 또다시 침을 뱉고, 수치스럽게 대했습니다.

예수님이 처음으로 이런 대접을 받으실 때는 가야바의 집에 처음 가셨을 때였습니다. 그런 다음 그곳에서 정죄를 받으셨고, 그다음에는 헤롯과 그의 군인들에게서, 그다음에는 채찍질을 당하신 후 빌라도에 의해서, 그다음에는 마지막으로 정죄함을 당하신 후 군인들에 의해서였습니다.

그는 멸시를 받아 사람들에게 버림 받았으며 간고를 많이 겪었으며 질고를 아는 자라 마치 사람들이 그에게서 얼굴을 가리는 것 같이 멸시를 당하였고 우리도 그를 귀히 여기지 아니하였도다(사 53:3).

저는 지금보다 더 진심으로 말씀을 전했던 때가 언제인지 모르겠습니다. 저는 제 입술에 말합니다.

"이 장면을 표현하기에 합당한 말이 내 입술에서 나올 수 있을까?"

저는 단지 그 장면을 희미하게 스케치할 뿐입니다. 저는 다채로운 색상으로 그 장면을 표현할 수 없습니다.

오, 내가 주님의 슬픔을 표현해야 한다면, 주님은 슬픔 그 자체라고 말할 수밖에 없습니다!

성령 하나님이 여러분의 기억과 영혼에 감동을 주시고, 복된 주님의 슬픔을 가련하게 생각할 수 있도록 도와주시기를 원합니다.

저는 이제 주님의 고난을 우리에게 적용하며 설교를 마칩니다.

사랑하는 친구 여러분!

그날 이른 아침처럼 오늘 우리 사이에 분열이 있어야 함을 기억하십시오. 오늘 당신은 그리스도를 당신의 왕으로 받아들여야 합니다. 그렇지 않으면 그분의 피가 당신에게 돌아갈 것입니다.

저는 저의 주님을 여러분의 눈앞에 모셔 와 말합니다.

"보십시오. 당신의 왕이십니다."

그분께 기꺼이 순종하시겠습니까?

그분은 먼저 그분의 공로에 대한 당신의 절대적인 믿음을 요구하십니다. 당신은 그것에 복종하시겠습니까?

다음으로, 주님은 당신이 그분을 당신 마음의 주님으로 받아들이며, 그분이 당신 안에서 주님이 되신 것처럼 당신 밖에서도 주님이 되시기를 요구하십니다.

당신은 어떻게 하시겠습니까?
지금 그분을 선택하시겠습니까?
당신 영혼에 있는 성령님이 "무릎을 꿇고 그를 왕으로 삼아라"라고 말씀하십니까?

그렇다면 하나님께 감사드립니다.
그러나 그렇지 않다면 그분의 피가 당신을 정죄하기 위해 당신에게 돌아갑니다. 당신은 그분을 십자가에 못 박았습니다. 빌라도와 가야바와 헤롯과 유대인들과 로마인들이 다 당신 안에서 만납니다. 당신은 주님을 채찍질했습니다. "십자가에 못 박으라"고 말했습니다. 그렇지 않았다고 말하지 마십시오. 당신이 그분을 거부할 때 그들의 외침에 동참하는 것입니다. 그분의 피의 샘으로 와서 씻고 깨끗해지십시오.

3. 사람들 앞에서

그리스도께서는 세 번째 시련을 겪으셨습니다. 그분은 교회 재판소와 시민 재판소에서 시련을 겪으셨을 뿐만 아니라, 민주주의 대법원, 즉 거리의 인민 재판소에서도 시련을 겪으셨습니다.
여러분은 "어떻게 그렇죠"라고 물을 것입니다.

글쎄요, 재판은 다소 특이했지만, 실제로 재판이었습니다.

도둑, 중죄자, 살인자, 반역자인 바라바가 잡혔습니다. 그는 아마도 축제 기간에 예루살렘에 올라와서 외투 안에 단검을 숨기고 군중 속 사람들을 찔러 약탈하는 데 익숙한 살인자 무리 중 하나였을 것입니다. 게다가 그는 자신을 도적단의 우두머리로 자처하여 선동을 일으키려 했습니다.

그리스도는 이 악당과 경쟁하게 되셨습니다.

두 사람은 대중 앞에 서게 되었습니다.

군중은 완전하고 사랑스럽고 부드러우며 동정심이 많으며 사심이 없는 구주를 보고, "십자가에 못 박으라"고 외쳤습니다. 이는 인류의 수치이고 아담 종족의 불명예입니다. 그리고 도적 바라바를 더 선호했습니다.

오늘 아침에 똑같은 상황이 여러분 앞에 놓여 있습니다. 똑같은 상황입니다. 거듭나지 않은 모든 사람은 유대인이 한 것과 같은 선택을 할 것이며, 오직 은혜로 새롭게 된 사람만이 정반대의 선택을 할 것입니다.

믿음의 친구여!

저는 오늘 그리스도 예수님과 여러분의 죄를 여러분 앞에 둡니다. 많은 사람이 그리스도께 나오지 않는 이유는 정욕과 쾌락과 유익을 버리지 못하기 때문입니다.

죄는 바라바입니다. 죄는 도둑입니다. 그것은 당신의 영혼에서 생명을 앗아 갈 것입니다. 그것은 하나님의 영광을 빼앗을 것입니다. 죄는 살인자입니다. 그것은 우리 아버지 아담을 찔렀습니다. 그것은 우리의 순결을 죽였습니다. 죄는 반역자입니다. 그것은 하늘과 땅의 왕을 거역합니다. 만일 당신이 그리스도보다 죄를 더 좋아한다면, 그리스도는 당신의 법정에 섰고, 당신은 죄가 그리스도보다 더 낫다는 평결을 내린 것입니다.

우리는 우리 본성의 사악함과 마음의 부패 때문에 그리스도께 나아오지 않습니다. 당신은 마음이 부패하여 빛보다 어두움을 더 좋아하고, 쓴 것을 단맛으로 삼으며, 악을 선으로 선택합니다. 저는 누군가 이렇게 말하는 것을 듣는 것 같습니다.

오, 저는 예수 그리스도의 편에 있지만, 그런 관점에서 바라보지는 않았습니다. '그분이 내 편이 되실까'라는 질문이 옳다고 생각했습니다. 저는 너무 불쌍한 죄인이어서 예수님의 피가 저를 씻는다면 그 어떤 곳에서도 설 수 있을 것입니다.

죄인이여!
죄인이여!
그렇게 말씀하시면 기쁘게 당신과 이야기하겠습니다. 그리스도께서 사람과 하나가 되시기 전까지는 사람이 그리스도와 하나가 되신 적은 없습니다. 당신이 기꺼이 그리스도께 나아오려고 하면 그리스도는 당신을 영접하십니다. 죄인이 구주를 찾아 울부짖을 때, 구주께서 "아니, 나는 너를 선택하지 않겠다"라고 말씀하시는 엉뚱한 상상을 해서는 안 됩니다.
어떤 사람이 말합니다.
"그러면 저는 지금 그리스도를 모시고 싶습니다. 어떻게 하면 됩니까?"
믿음 외에는 당신에게 요구한 것이 없습니다.
예수님을 믿으십시오.
그분을 믿으십시오.
하나님이 인간을 대신하도록 그분을 보내셨다는 것을 믿으십시오. 하나님은 인간이 받아야 할 형벌 대신에 고난을 받으셨다는 것을 믿으십시오. 형벌에 대한 이 큰 등가물이 당신을 구할 수 있다고 믿으십시오.

그분을 신뢰하십시오.

그분께 자신을 던지십시오.

사람이 물에 몸을 맡기듯 하십시오.

가라앉거나 헤엄치십시오.

당신은 절대로 가라앉지 않을 것입니다.

당신은 절대로 가라앉지 않을 것입니다.

주님이 약속하셨기 때문입니다.

> 내 말을 듣고 또 나 보내신 이를 믿는 자는 영생을 얻었고 심판에 이르지 아니하나니 사망에서 생명으로 옮겼느니라(요 5:24).

제7장

제목: 연기 속의 가죽 부대

■ 본문: 시편 119:83

■ 설교 요약

하나님의 백성은 자기만의 시련을 겪는다. 이것이 그리스도인의 삶의 현실이다. 질병이건 고통이건 가난이건 죽음이건, 시련은 연기에서 나온다. 연기는 우리가 하나님보다 더 많이 사랑하는 것을 태우는 불꽃이다. 그것이 안락한 삶이든, 직업이든, 심지어 자녀이든지, 시련의 불꽃은 우리를 연기 속에 집어넣는다.

연기가 동반하는 것은 고통이다. 그리스도인은 고통을 느낀다. 고통은 우리에게서 사라지지 않는다. 그러나 이 모든 것에도 불구하고 하나님의 율법은 우리가 환난을 겪는 중에도 우리와 우리 마음을 버리지 않고 우리가 굳게 설 수 있도록 돕는다.

■ 이 설교에서 기억할 만한 문구

"그분의 법도는 가볍고 쉬운 멍에이지만 그 누구도 벗어 던질 수 없습니다. 모든 사람은 그리스도의 계명을 짊어져야 하며, 그분에게 구원받기를 바라는 모든 사람은 날마다 자기 십자가를 지고 따라야 합니다."

"연기와 더위는 곧 우리에게서 모든 수분을 말립니다. 우리의 모든 희망이 사라지고, 모든 힘이 사라진 다음, 우리는 아무것도 아닌 죄인이라고 느끼고, 그리스도께서 우리를 온전히 구원하시기를 원합니다. 우리는 연기 속의 가죽 부대와 같습니다."

"저는 비록 가난하고 약하고 무기력하지만, 저에게는 부유하고 전능하신 친구가 있습니다."

Spurgeon On Persevering Through Trials

제7장
연기 속의 가죽 부대

> 내가 연기 속의 가죽 부대같이 되었으나 주의 율례들을 잊지 아니하나이다
> (시 119:83).

"연기 속 가죽 부대"는 사실 동양적 표현입니다. 그러므로 우리는 설명을 위해 동쪽으로 가야 합니다. 『그림 성경』(*Pictorial Bible*)은 청중과 독자에게 쉽게 설명할 것입니다.

이것은 틀림없이 염소 가죽으로 만든 가죽 부대를 가리킬 것입니다. 아시아의 농부들은 그런 부대에 액체 또는 고체 형태의 많은 물품을 보관합니다. 이 부대는 안전하게 보관하기 위해 지붕에 매달거나 집 벽에 매답니다. 그런데 이런 부대는 곧 연기와 함께 아주 검게 변합니다. 농부들의 집에는 굴뚝이 거의 없고 연기가 지붕의 구멍이나 문 옆으로만 빠져나갈 수 있기 때문에 불을 사용할 때마다 집은 짙은 연기로 가득 찹니다.

겨울에 페르시아, 아르메니아, 튀르키예를 여행할 때, 우리가 매일 쉬는 오두막집의 연기가 실제로 여행의 추위와 피로를 덜어 주는 것 같은 기분을 밤낮으로 느꼈습니다. 그러나 우리는 실제 모습을 관찰할 기회가 많았습니다. 이렇게 가죽 부대는 독특한 검은색을 띠는데, 이런 색은 굴뚝이 없어 집 안에서 쉽게 빠져나가지 못하고 꽉 찬 연기 때문에 생깁니다. 이 연기에는 미세한 그을음 입자가 있고 이 입자는 가죽 부대에 딱 달라붙어서 결국 독특한 검은색을 만듭니다. 그런 가죽 부대에 액체가 들어 있지 않고 고체가 들어 있지만 그 고체가 충분하지 않으면, 가죽 부대는 수축하고 오그라듭니다. 시편 기자는 단지 검은색뿐만 아니라 이런 모습까지도 암시할 것입니다. 그러나 동양에서는 검은색이 하얀색과 반대의 의미를 갖기 때문에, 이 구절의 주도적 개념은 절묘하게도 후자의 상황을 가리킨다고 추정합니다.

다윗은 방랑할 때 자신의 천막에 가죽 부대가 걸려 있는 것을 보았을 것입니다. 그리고 비록 그의 궁전에서 이런 가죽 부대를 몇 개밖에 보지 못했을지라도, 가난한 백성의 오두막집에서는 분명히 이런 가죽 부대를 많이 보았을 것입니다. 그래서 그는 "내가 연기 속의 가죽 부대같이 되었으나 주의 율례들을 잊지 아니하나이다"라고 고백합니다.

첫째, 하나님의 백성은 시련을 겪습니다. 그들은 연기 속에 던져집니다.
둘째, 하나님의 백성은 시련을 느낍니다. 그들은 "연기 속의 가죽 부대같이" 됩니다.
셋째, 하나님의 백성은 시련 속에서도 하나님의 율례를 잊지 않습니다.

내가 연기 속의 가죽 부대같이 되었으나 주의 율례들을 잊지 아니하나이다
(시 119:83).

1. 하나님의 백성은 시련을 겪습니다

시련이 언약 안에 있었고, 언약은 영원한 산처럼 오래되었으므로 이 말씀은 영원한 언덕과 같이 오래된 진리입니다.

하나님이 당신의 백성을 선택하실 때 그들이 시험받지 않은 백성이 되고, 이 땅에서 평화와 안전, 그리고 영원한 행복을 누리고, 질병과 필멸의 고통으로부터 자유롭도록 계획하지 않으셨습니다. 오히려 언약을 맺으실 때 언약의 매를 계획하셨습니다. 그분은 자녀로서의 특권을 주는 헌장을 작성하실 때 징벌 헌장도 작성하셨습니다. 우리에게 상속권을 주셨을 때 우리에게 필연적으로 상속되어야 할 것들 가운데 매를 두셨습니다.

시험은 우리 삶의 일부입니다. 그것은 하나님의 엄숙한 작정으로 우리를 위해 예정되었습니다. 별들이 그분의 손으로 빚어지는 것처럼 확실히 우리가 겪는 시련도 하나님의 뜻에 달렸습니다. 그분은 그 시기와 장소, 그리고 그것이 우리에게 미칠 강도와 영향을 미리 정하셨습니다. 선한 사람이라고 해서 시련을 피할 수 있으리라고 기대해서는 안 됩니다. 만약 그렇게 한다면 곧 실망할 것입니다.

우리 조상 중 어떤 사람은 시련에서 벗어났습니다. 욥의 인내에 대해 들어 보셨을 것입니다. 아브라함을 생각해 보십시오. 그는 시련을 겪었고 믿음으로 "신실한 자들의 아버지"가 되었습니다. 모든 족장, 선지자, 사도, 순교자의 전기를 잘 주목하십시오. 그러면 하나님이 자비의 그릇으로 만드신 사람들 중에서 연기 속의 가죽 부대처럼 매달리지 않은 사람은 단 한 사람도 없음을 발견할 것입니다.

거듭나면 갑절의 고난을 받는 것 같습니다. 갑절의 은혜와 갑절의 긍휼을 받은 사람에게는 갑절의 수고와 환난이 오는 것 같습니다. 선한 사람은 시련을 겪어야 합니다. 그들은 연기 속의 가죽 부대와 같으리라 기대해야 합니다.

때때로 이런 시련은 빈곤 때문에 발생합니다. 연기에 들어가는 것은 궁궐에 있는 가죽 부대가 아니라, 오두막에 있는 가죽 부대입니다. 하나님의 가난한 사람들도 마찬가지입니다. 그들은 그들의 집에 연기가 날 것으로 예상해야 합니다. 비록 우리 가정이 잘못되었다고 해도, 우리는 연기가 부잣집에 들어가지 않는다고 가정해야 합니다. 확실히 우리는 굴뚝과 집이 부실하게 지어질 때 더 많은 연기가 난다고 생각해야 합니다.

아랍인들에게 있어 가죽 부대가 연기 속에 있다는 것은 빈곤을 뜻합니다. 마찬가지로 기독교인의 빈곤은 그들을 많은 문제에 노출하고, 하나님의 백성은 대부분 가난하기 때문에 항상 거의 모든 부분에서 고통스럽습니다. 우리는 더 높은 지위에 있는 하나님의 백성을 쉽게 찾지 못합니다.

이 세상에서 저명한 기독교인은 많지 않을 것입니다. 더 행복한 시대가 올 때까지, 왕들이 그들의 양아버지가 되고 왕비들이 그들의 유모가 될 때까지, 하나님은 이 세상에서 가난한 자들과 믿음이 풍부한 사람들을 택하셔서 왕국의 상속자가 되도록 하셨습니다.

가난에는 특권이 있는데, 이는 그리스도께서 가난하게 사셨기 때문입니다. 그러나 가난에는 질병과 연기와 시련이 있습니다.

여러분은 때때로 어떻게 먹고살아야 할지 막막할 때가 있습니다. 여러분은 자주 먹을 것과 입을 것에 쪼들려 삽니다. 근심 걱정으로 괴로워하며 내일의 양식이 어디서 올지, 일용할 양식을 어디서 구할지 걱정스럽기만 합니다. 가난 때문에 연기 속의 가죽 부대처럼 매달려 있습니다.

하지만 많은 하나님의 백성이 가난하지 않습니다. 그리고 설사 그렇다고 할지라도 가난은 어떤 사람들이 생각하는 것만큼 그들에게 큰 문제를 일으키지 않습니다. 하나님은 가난 속에서도 당신의 자녀들을 매우 기쁘게 하시며 작은 집에 사는 자녀들에게 힘을 북돋으십시오. 그래서 그들이 궁전에 사는지 오두막에 사는지 도무지 분간하지 못하게 하십시오. 참으로 하나님은 감미로운 음악을 비애의 강을 가로질러 보내십니다. 그래서 그들은 마른 땅에 있는지 아닌지 알지 못합니다.

그러나 다른 시련이 있습니다. 이런 종류의 시련은 종종 우리의 안락함에서 비롯됩니다.

연기가 나게 하는 것은 무엇입니까?

아랍인이 가죽 부대에서 연기가 나게 하고 자기 몸에서 연기가 나게 하는 것은 자기 손을 따뜻하게 하는 불입니다.

그러므로 사랑하는 여러분!

우리의 안락함은 대개 우리에게 문제를 안겨 줍니다. 선과 관련이 있는 악을 가지지 않는 선은 있을 수 없다는 것이 자연의 법칙입니다.

시냇물이 땅을 비옥하게 하면 어떻게 될까요?

때때로 주민이 익사할 수 있습니다.

불이 우리를 기쁘게 해 준다면?

그것은 자주 우리의 집을 태웁니다.

태양이 우리를 밝혀 준다면?

때때로 그 열기로 우리를 태우고 진을 빼지 않습니까?

해악 없이 선만 있는 것은 없습니다. 연기 없는 불은 없습니다.

우리를 편안하게 하는 불에는 항상 시련의 연기가 함께할 것입니다. 여러분의 가족이 누리는 안락함을 예로 들 수 있습니다. 여러분은 여러 관계를 맺고 있습니다. 생각해 보십시오. 모든 관계는 시련을 낳습니다. 당신이 시작하는 모든 새로운 관계는 일단 분명히 새로운 기쁨을 주지만, 틀림없이 새로운 슬픔의 도가니로 몰아갑니다.

여러분은 부모입니까?

자녀는 여러분에게 기쁨을 주지만, 연기를 피우게 합니다. 자녀가 "주의 교훈과 훈계"로 양육되지 않을까 봐 여러분은 두려워합니다. 그리고 그들이 성장하면 여러분의 영혼을 슬프게 할지도 모릅니다. 그들이 죄를 지어 여러분의 가슴을 아프지 않게 하기를 기원합니다.

여러분에게 재산이 있습니까?

글쎄요, 재산 자체는 기쁜 일이 될 수도 있겠군요. 그러나 여전히 재산 때문에 시련과 고난을 겪지 않습니까?

부자가 가난한 사람보다 재산을 지키려고 더 많이 고민하지 않습니까?

아무것도 없는 자는 도둑이 그를 괴롭히지 않을 것이기에 푹 잡니다. 그러나 풍족한 자는 거센 바람이 자기가 지은 것을 무너뜨릴까 두려워 떠는 경우가 많습니다.

우리를 찾아오는 새들이 우리에게서 멀리 날아가듯 우리의 기쁨도 슬픔을 가져옵니다. 사실 기쁨과 슬픔은 쌍둥이입니다. 슬픔의 혈관에 흐르는 피는 기쁨의 혈관에도 흐릅니다.

슬픔의 피는 무엇입니까?

눈물이 아닌가요?

그리고 기쁨의 피는 무엇입니까?

우리는 기쁨이 충만할 때 울지 않습니까?

기쁨을 표현하는 눈물 한 방울은 슬픔의 상징입니다. 우리는 기쁠 때도 울고 슬플 때도 웁니다. 우리의 불은 연기를 내뿜어 우리의 안락함은 시련을 포함함을 알려 줍니다.

그리스도인 여러분!

여러분에게는 다른 사람들이 절대로 피우지 못한 특별한 불이 있습니다. 그러면 특이한 연기가 날 것으로 예상하십시오. 여러분에게는 그리스도의 임재가 있습니다. 여러분은 그것을 잃지 않도록 두려움의 연기를 갖게 될 것입니다. 여러분에게는 하나님의 말씀에 대한 약속이 있습니다. 거기에는 불이 있습니다. 그러나 하나님 영의 조명 없이 읽을 때 때때로 연기가 납니다. 여러분에게는 확신의 기쁨이 있지만, 의심의 연기도 있습니다. 그것은 여러분의 눈을 강타하여 눈을 멀게 합니다.

시련은 편안함에서 비롯됩니다. 편안함이 많으면 많을수록 불이 많고, 슬픔도 더 많이 생기며, 연기도 더 많이 납니다.

다시 말하지만, 사역은 기독교인의 손을 따뜻하게 하는 큰 불이지만 많은 연기를 피웁니다.

얼마나 자주 하나님의 집에 와서 여러분의 영혼을 고양했습니까!

그러나 아마도 여러분은 이곳에 와서 자주 낙심했을 것입니다. 때때로 여러분의 하프 현은 모두 느슨해졌습니다. 여러분은 사람들에게 기쁨의 노래를 연주할 수 없었습니다. 여러분은 여기에 왔고, 그리스도께서는 여러분의 하프가 "다윗의 엄숙한 소리의 하프처럼" 되도록 조율하셨습니다.

그러나 다른 때에는 여러분이 여기에 와서 어떤 엄숙하고 깊이 있는 설교로 모든 기쁨을 제거했습니다. 때때로 여러분에게 의도적으로 불을 주는 이 설교단은 또한 의도적으로 연기를 냅니다. 연기가 나지 않는다면 하나님의 강단이 아닐 것입니다. 하나님께서 시내산을 자신의 강단으로 삼으셨을 때 시내산은 완전히 연기에 싸여 있었습니다.

그러나 다윗은 한 가지 생각을 더 한 것 같습니다. 연기 속의 가엾은 가죽 부대는 검은색이 될 때까지 오랫동안 거기에 머물러 있습니다. 그것은 단지

한 번의 연기만 그 위에서 나는 것이 아닙니다. 연기는 항상 올라가고 항상 가엾은 가죽 부대를 둘러싸고 있습니다. 가죽 부대는 연기라는 환경에서 삽니다.

사랑하는 여러분!

우리 중 일부는 몇 달 또는 일 년 내내 연기 속의 가죽 부대처럼 매달려 있습니다. 한 가지 곤경에서 벗어나자마자 또 다른 곤경에 빠지게 됩니다. 한 언덕을 오르자마자 또 다른 언덕을 올라야 합니다. 마치 천국으로 가는 길은 모두 오르막길인 것 같습니다.

여러분은 항상 연기 속에 있습니다. 여러분은 불경건한 상대방과 연결되어 있거나 자연스럽게 주위에 구름과 어둠을 부르는 독특한 기질을 가지고 있을 수 있습니다.

다윗의 상황이 그랬습니다. 그에게는 가끔 시련이 있지 않고 매일 시련이 닥치는 것 같았습니다. 날마다 걱정거리가 있었습니다. 매시간 새로운 환난이 날아왔습니다. 기쁨 대신 매 순간 행복의 소멸을 알리는 종이 울리고 또 다른 슬픔이 찾아옵니다. 만약 여러분의 상황이 이렇다고 해도 두려워하지 마십시오. 여러분 혼자 이런 시련을 겪지 않습니다. 이 구절의 진실을 대면하십시오. 여러분은 연기 속의 가죽 부대 같습니다.

2. 하나님의 백성은 시련을 느낍니다

하나님의 백성은 연기 속에 있고 그들은 연기 속의 가죽 부대와 같습니다. 당신이 여러 날 동안 연기 속에 매달 수 있는 것들이 있습니다. 그것들은 지금 너무 검어서 절대로 더 검게 될 수 없고 지금 너무 쪼그라들어서 더 쪼그라들

수 없기 때문에 더 이상 많이 변하지 않을 것입니다. 그러나 좋지 않은 가죽 부대는 열기에 쪼글쪼글해지고 더 검어지며 연기의 효과를 즉시 나타냅니다. 그것은 돌처럼 무감각하지 않고 즉시 영향을 받습니다.

어떤 사람은 은혜가 사람이 고통을 느낄 수 없게 한다고 생각합니다. 순교자가 불에 타 죽을 때 큰 고통을 겪지 않았다는 말을 들은 적이 있는데, 이는 착각입니다. 그리스도인은 돌과 같지 않습니다. 그들은 연기 속의 가죽 부대와 같습니다.

사실 차이가 있다면 그리스도인은 자신의 시련을 다른 사람보다 더 많이 느낍니다. 왜냐하면, 그는 모든 시련을 하나님께 두기 때문에 시련을 더 심각하게 받아들입니다. 그러나 동시에 그는 시련이 의의 좋은 열매를 맺을 것이라고 믿기 때문에 더 잘 견딜 수 있습니다.

개는 자기에게 던진 돌을 물지만, 사람은 돌을 던진 사람에게 화를 낼 것입니다. 멍청하고 어리석으며 육신을 위해 사는 불신앙인은 시련과 싸우지만, 신앙인은 즉시 왕의 법정으로 가서 하나님께 묻습니다.

"왜 저에게 시련을 주십니까?"

그러나 믿음이 있어도 채찍의 고통은 피하지 못합니다. 믿음은 우리가 인내할 수 있게 하지만 시련 자체를 없애지는 않습니다. 그리스도인이 자신의 감정을 표현하는 것은 나쁜 일이 아닙니다.

주님은 나사로가 죽었을 때 눈물을 흘리지 않으셨습니까. 그리고 십자가에서 "나의 하나님, 나의 하나님, 왜 저를 버리셨습니까"라고 울부짖지 않으셨습니까.

우리의 하늘 아버지는 시련을 겪을 때 우리의 슬픔을 없애려 하지 않으셨습니다. 그분은 우리를 홍수의 손이 닿지 않는 곳에 두지 않으시고 대신 방주를 만들어 주십니다. 방주에서 물이 완전히 잠잠해질 때까지 떠 있게 하시며, 천국의 아라랏에서 영원히 안식하게 하십시오. 그분은 우리가 시련을 견딜 수 있게 하시고 고난 중에도 그분을 찬양할 수 있는 은혜를 주십니다. 저는 하나님이 저에게 주신 은혜를 느낍니다.

우리가 느끼지 않는 시련은 전혀 시련이 아닙니다. 우리는 때때로 "그 시련이 내 감정을 건들지 않는다면 견딜 수 있습니다"라고 말하는 사람을 만납니다. 물론 그럴 수 있습니다. 그러나 그렇게 될 경우 당신이 겪는 시련은 더 이상 시련이 아닙니다.

시련이 힘든 이유는 감정 때문입니다. 시련의 본질은 감정에 있습니다. 그리고 하나님은 당신의 시련이 느껴지도록 설계하셨습니다. 그분의 매는 밀짚으로 만들지 않았습니다. 그것은 진짜 자작나무로 만들었고 매는 우리가 아픔을 느끼는 바로 그곳을 강타합니다. 그분은 우리가 입은 갑옷의 철판을 치지 않고 우리가 아픔을 느낄 수 있는 바로 그곳을 치십니다.

그리고 더 있습니다. 아픔을 느낄 수 없는 시련은 무익합니다. 상처가 멍들지 않는다면 영혼에 좋은 것이 없습니다. 울부르짖음이 없으면 우리의 죄성도 없어지지 않을 것입니다. 우리에게 유익하다고 느낄 수 있는 시련이어야 합니다. 느끼지 못하는 시련은 우리가 성화하게 할 수 없는 시련임이 틀림없습니다. 왜냐하면, 우리는 하나님의 거룩한 영으로 시련을 느낄 때만 복이 되기 때문입니다.

그리스도인이여!

여러분이 연기 속의 가죽 부대와 같다고 해서, 환난에 민감하다고 해서 노여워하지 마십시오. 당연히 그래야 하기 때문입니다. 남편이 죽었다거나 아이가 죽었다거나 재산을 잃었다는 사실을 충분히 느끼고 슬퍼해야 합니다. 하나님이 시련을 보내셨기 때문에 고난받아야 합니다. 인내해야 합니다. 시련을 느끼지 않을 때가 아닌 느낄 때 이렇게 말씀하십시오.

"하나님이 나를 죽이시지만 나는 하나님을 신뢰하겠습니다."

이제 가죽 부대가 연기 속에 있으면 매우 검게 변합니다. 그리스도인도 시련의 연기, 복음 사역의 연기, 핍박의 연기 속에 있을 때 매우 까맣게 변합니다. 모든 일이 순조로울 때 우리는 놀랍도록 밝지만, 작은 환난이 닥쳤을 때 역시 놀랍도록 어둡습니다.

연기가 없는 동안 우리는 자신을 좋게 생각하지만, 연기가 오면 우리 마음의 흑암이 드러납니다. 시련은 우리가 어떤 존재인지 가르칩니다. 시련은 흙을 파서 우리가 무엇으로 구성되어 있는지 보게 합니다. 이런 이유로 시련은 좋습니다.

연기에 매달린 가죽 부대는 매우 쓸모없게 됩니다. 그래서 우리는 시련의 사역이나 시련의 섭리 아래 있을 때 연기 속에 걸린 가죽 부대처럼 매우 쓸모없고 헛된 것처럼 느낍니다. 우리는 아무 쓸모도 없는 불쌍한 피조물이라고 생각합니다. 기쁨 가운데 있는 우리는 존귀한 피조물입니다. 우리는 창조주가 우리 없이는 하실 수 없다고 생각하지만, 곤경에 처했을 때 우리는 "나는 벌레요 사람이 아니라"라고 느낍니다. 자신은 아무짝에도 쓸모없는 존재라고 느낍니다. 차라리 죽으면 좋겠다고 생각합니다.

그리고 연기 속의 가죽 부대는 비어 있습니다. 그것이 비어 있지 않았다면 연기 속에 매달리지 않았을 것입니다.

시련을 겪을 때 우리는 얼마나 자주 비우는 경험을 했습니까?

우리는 기쁨으로 매우 배부르지만 연기와 더위는 곧 우리에게서 모든 수분을 말립니다. 우리의 모든 희망이 사라지고 모든 힘이 사라진 다음 우리는 아무것도 아닌 죄인이라고 느끼고 그리스도께서 우리를 온전히 구원하시기를 원합니다. 우리는 연기 속의 가죽 부대와 같습니다.

제가 여러분의 성격을 묘사한 적이 있습니까?

여러분 중 일부는 연기 속의 가죽 부대와 같다고 감히 말씀드립니다. 여러분은 자신이 겪는 시련을 느낍니다. 여러분은 부드럽고 상냥한 마음을 가지고 있으며 전능자의 화살은 그곳을 신속하게 뚫습니다. 여러분은 매달아도 변하지 않는 돌덩이가 아니라, 변화하는 모든 날씨에 영향을 받는 해조류와 같습니다. 여러분은 영향을 받을 수 있으며, 그래야 합니다. 여러분은 "연기 속의 가죽 부대와 같이" 되어야 합니다.

3. 그리스도인은 하나님의 규례를 잊지 않습니다

무엇이 하나님의 율례입니까?
하나님께는 두 가지 율례가 있는데 둘 다 영원한 놋쇠에 새겨져 있습니다.

첫 번째 율례는 하나님의 계명이며, 이것에 관해 하나님은 말씀하셨습니다.

> 천지가 없어지기 전에는 율법의 일점일획도 결코 없어지지 아니하고 다 이루리라(마 5:18).

이 율례는 메대와 바사의 율례와 같이 모든 하나님의 백성에게 구속력이 있습니다. 그분의 법도는 가볍고 쉬운 멍에이지만 그 누구도 벗어 던질 수 없습니다. 모든 사람은 그리스도의 계명을 짊어져야 하며, 그분에게 구원받기를 바라는 모든 사람은 날마다 자기 십자가를 지고 따라야 합니다.

두 번째 율례는 약속의 율례로 똑같이 확고한 것입니다. 그것을 말씀하신 하나님처럼 영원합니다. 다윗은 이를 잊지 않고 말했습니다.

내가 나그네 된 집에서 주의 율례들이 나의 노래가 되었나이다(시 119:54).

왜 다윗은 여전히 하나님의 율례를 굳게 지켰을까요?

첫째, 다윗은 불 속의 가죽 부대가 아니었습니다. 그랬다면 그는 하나님의 율례를 잊어버렸을 것입니다. 우리의 시련은 연기이지 불이 아닙니다. 연기는 우리를 매우 불편하게 하지만 태우지는 않습니다. 성경의 다른 부분에서 불의 비유가 우리가 겪는 시련에 해당할 수 있지만, 여기에서는 가죽 부대가 불 속에 있으면 즉시 타 버릴 것이기 때문에 적절하지 않습니다.

그리스도인이여!

여러분이 겪는 시련에 불보다 연기가 더 많은 것이 좋습니다. 그리고 고난 중에 하나님을 잊어야 할 이유가 없습니다. 고난은 여러분을 하나님에게서 몰아내기도 하지만, 종종 큰 파도처럼 떠다니는 나무껍질을 하나님 사랑의 해변으로 휩쓸어 옵니다. 그리고 한 번 더 바다로 떠내려갈 수도 있는 돛대를 다시 해변으로 되돌립니다.

그리스도인이!

여러분도 고난의 파도에 밀려 해안으로 휩쓸렸습니다. 그러나 고난의 파도가 여러분을 휩쓸어 가지 못했습니다.

내가 … 주의 율례들을 잊지 아니하나이다(시 119:83).

둘째, 다윗이 하나님의 율례를 잊지 않은 또 다른 이유는 예수 그리스도께서 그와 함께 연기 가운데 계셨고 율례도 그와 함께 연기 가운데 있었기 때문입니다. 하나님의 율례와 하나님의 백성은 불 속에 있었습니다. 언약과 유례가 모두 풀무 속에 있습니다. 그리고 제가 가죽 부대처럼 연기 속에 매달려 있으면, 그을음과 연기로 덮인 하나님의 계명이 내 옆에 매달려 있어 같은 위험에 처하게 됩니다.

제가 박해받았다고 가정해 봅시다. 사람들이 핍박하는 대상은 내가 아니라 주님의 진리였다는 사실을 아는 것은 위안이 됩니다. 나에게 던진 모든 독화살이 일반적으로 나의 가장 안전한 부분에 떨어졌다는 것은 특이한 일입니다. 왜냐하면, 일반적으로 내가 다른 사람에게서 인용했거나 성경에서 증명한 내용에 떨어졌기 때문입니다.

예수 그리스도께서 우리와 마찬가지로 연기 속에 계시고, 불꽃이 많을수록 연기 속에서 우리와 함께 계시는 우리 주님을 더 잘 볼 수 있기에 때문에 감미롭습니다.

셋째, 다윗이 율례를 잊지 않은 또 다른 이유는 율례가 연기가 들어가지 않는 영혼 속에 있기 때문입니다. 연기가 가죽 부대 내부에 들어가지 않습니다. 바깥쪽에만 영향을 미칩니다. 하나님의 자녀도 마찬가지입니다. 연기가 그들의 마음에 들어오지 않습니다. 그리스도가 거기 계시고 은혜가 거기 있으며 그리스도와 은혜는 모두 연기의 영향을 받지 않습니다.

올라가라, 연기구름이여!
나를 감쌀 때까지 위로 올라가라!
그래도 나는 못이신 그리스도 예수 그 확고한 못에 매달릴 것입니다. 이 못은 박힌 곳에서 절대로 옮겨지지 아니합니다. 그리고 저는 "우리의 곁사람은 낡아지나 우리의 속사람은 날로 새로워지도다"라고 느낄 것입니다. 그리고 저는 거기에 있는 율례를 잊지 않습니다.

> 내가 연기 속의 가죽 부대같이 되었으나 주의 율례들을 잊지 아니하나이다 (시 119:83).

다윗의 고난에 동참하는 분에게 위로의 말씀을 전합니다. 핍박받았지만 여전히 하나님의 말씀을 굳게 붙들고 있다면, 고난을 겪고도 우리 주님을 아는 지식에 계속 머물러 있다면, 당신은 자신을 그리스도인이라고 믿을 충분한 이유가 있습니다. 시련과 환난 가운데서도 평안할 때와 같이 그대로 남아 있으면, 소망할 수 있을 뿐 아니라, 자신이 하나님의 자녀임을 굳게 믿고 확신할 수 있습니다.

저는 비록 가난하고 약하고 무기력하지만, 저에게는 부유하고 전능하신 친구가 있습니다. 연기를 조금만 참으면 자신이 하나님의 자녀라고 믿게 될 것입니다. 그러나 한 줄기 연기에도 충격을 받은 몇몇 사람을 압니다. 그들은 연기를 견딜 수 없습니다. 그들은 배에서 연기를 피우기 시작하면 밖으로 나온 쥐처럼 즉시 밖으로 나옵니다.

그러나 여러분이 연기 속에서 살며 "나는 연기를 느끼지만, 아직 견딜 수 있다"고 말할 수 있다면, 연기가 자욱한 설교를 견디고, 연기가 자욱한 시련을 견디며, 연기가 자욱한 핍박 속에서 하나님을 굳게 붙들 수 있다면, 여러분에게는 확실하게 하나님의 자녀라고 믿을 충분한 이유가 있습니다.

맑은 날씨를 만난 새!

당신은 아무 소용이 없습니다. 하나님이 가장 좋아하시는 것은 바다제비입니다. 하나님은 폭풍우 속에서도 헤엄칠 수 있는 새를 사랑하십니다. 그분은 폭풍 속에서 움직일 수 있고, 독수리처럼 바람을 그들의 병거로 삼으며, 여러

갈래로 갈라진 불의 연기를 탈 수 있는 자를 사랑하십시오.

전투가 한창일 때, 강력한 적이 당신의 투구를 박살 냈음에도 불구하고, 여전히 머리를 들고 "나는 내가 믿었던 분을 안다"라고 말하며 당신의 자리를 지킨다면, 당신은 진정한 천국의 자녀입니다. 불변, 오래 참음, 인내는 십자가의 영웅과 주님의 무적 전사를 나타내는 진정한 표시입니다.

무적함대는 폭풍이 오기 전에 달아나지 않습니다. 그는 요새가 난공불락이라는 소문을 듣고 감히 공격하지 못하는 비겁한 전사가 아닙니다. 그는 자신의 배를 총포 아래로 돌진시키거나, 배가 거의 좌초할 때까지 전진하여, 자기 적에게 필사적인 공격을 계속 퍼붓습니다.

연기와 폭풍우 속에서, 전투의 소란과 포효 속에서도 냉정하게 명령을 내릴 수 있고, 모든 사람이 자신의 의무를 다해야 한다는 것을 알고, 용감하게 싸울 수 있는 사람은, 용감한 사령관이고, 참된 군인입니다. 그는 자기 주인으로부터 영광의 면류관을 받을 것입니다.

오, 그리스도인이여!

연기 속에서 당신의 주인에게 착 달라붙고 시련 가운데서 당신의 주님을 붙드십시오. 그리하면 고난이 당신을 연단하는 도구가 될 것입니다.

그러나 여기에 자기 연기를 잘 처리하는 사람이 몇 있습니다. 우리 교회에는 어떤 시련이 닥쳤을 때 스스로 잘 극복할 수 있는 사람이 있습니다. 그들은 말합니다.

"저는 신경 쓰지 않습니다. 당신들은 불쌍한 얼간이처럼 보입니다. 당신들은 모든 것을 느끼지만, 저의 경우는 모든 것이 사라지고 아무것도 신경 쓰지 않습니다."

아니요!

감히 말씀드립니다. 그렇지 않습니다.

당신이 어렸을 때 읽었던 그 작은 이야기의 진실을 발견하게 될 때가 올 것입니다. 신경 쓰지 않은 사람들은 매우 나쁜 결말을 맞이했습니다. 이 사람들은 연기 속의 가죽 부대가 아니라 매달려 있는 나무 조각과 같습니다. 그들은 곧 연기 이상의 무언가가 있다는 것을 알게 될 것입니다. 연기뿐 아니라 불이 있는 곳으로 갈 것입니다.

그리고 그들이 이 세상의 고난의 연기는 견딜 수 있지만, 그 구덩이의 상상할 수 없을 만큼 타오르는 불길과 영원한 불꽃을 견디는 것은 상상만큼 쉽지 않다는 것을 알게 될 것입니다. 그곳의 불은 꺼지지 않고 벌레는 죽음을 알지 못합니다.

오, 완고한 죄인이여!

당신은 지금 슬픔을 겪고 있습니다. 마치 군대가 진격하기 전 미리 보내는 척후병과 같으며, 하나님의 복수하는 온 군대를 인도하는 소수의 경무장한 군인과 같습니다. 그들은 당신을 발로 짓밟을 것입니다. 당신의 삶 길바닥에 비애가 몇 방울 떨어졌습니다. 당신은 그것들을 비웃습니다. 그러나 그것들은 하나님이 하늘에서 당신의 영혼에 영원히 내릴 불과 유황의 전령입니다. 그런데도 당신은 우리 그리스도인이 겪는 고난과 고통 때문에 우리를 불쌍히 여깁니다.

우리를 불쌍히 여기겠습니까?

아, 우리가 받는 작은 환난은 잠깐이요, 이는 결국 지극히 크고 영원한 영광을 이룹니다. 우리를 불쌍히 여기는 마음을 거두십시오. 대신 그 마음을 당신에게 임할 미래의 시련을 위해 보관하십시오. 당신이 잠시 잠깐 작은 기쁨을 누립니다. 그러나 그 작은 기쁨은 훨씬 더 크고 영원한 고통으로 변할 것입니다. 당신의 작은 행복은 형언할 수 없는 영원한 고통의 어머니가 될 것입니다. 우리는 이 고통을 기쁜 마음으로 피할 것입니다. 당신의 해는 곧 지고,

밤이 찾아옵니다. 그리고 당신의 밤이 오면, 다시는 빛의 희망이 없는 영원한 밤으로 남을 것입니다.

성도 여러분!

여러분의 해가 지기 전에 하나님께서 은혜 베푸시기를 바랍니다.

어떻게 해야 구원을 받을 수 있는지 묻습니까?

옛부터 해 온 대답을 다시 합니다.

"주 예수 그리스도를 믿으십시오. 그러면 구원받습니다."

당신이 죄인이 아니라면, 당신을 위한 구원도 없습니다. 당신이 바리새인이고 자기 죄를 모른다면, 당신에게 전파할 그리스도가 없습니다. 당신에게 드릴 천국이 없습니다. 그러나 당신이 죄인이고, 진정한 죄인이며, 가짜가 아니라 진짜 죄인이라면, 당신에게 말할 것이 있습니다.

예수 그리스도는 죄인, 곧 중죄인을 구원하기 위해 오셨습니다. 만일 당신이 그분을 믿는다면, 당신은 죄를 용서받고, 사면되어, 모든 죄가 없어진 상태로 이 기도의 집에서 나갈 것입니다. 용서받고, 사면되며, 씻음 받아서 그 어떤 얼룩도 없습니다.

당신을 사랑하는 분이 당신을 받아들이셨습니다. 당신이 살아 있을 때 그분께 받은 용서는 당신에게 힘이 될 것입니다. 그리고 당신이 죽어서 낙원에 들어가기 위해서는 문 앞에서 그것을 보여 주는 것 외에는 달리 할 일이 없습니다. 그리고 나서 더 고귀하고 감미로운 노래가 울려 퍼지고, 하늘의 합창단이 노래하며, 우주가 영원한 분을 찬양할 때, 당신도 주님을 찬양할 것입니다. 그리고 당신이 찬양해야 할 이유는 바로 주님의 용서입니다.

하나님이 복 주시기를 바랍니다! 아멘.

Spurgeon On Persevering Through Trials

부록
찰스 해돈 스펄전의 생애와 설교

박영호 박사
한국성서대학교 은퇴교수

1. 신앙적 배경과 목회

오늘날 사람들에게 찰스 해돈 스펄전(Charles Haddon Spurgeon, 1834~1892) 목사가 누구인지 물어 본다면 그 대답이 너무 다양해서 놀랄지 모르겠습니다. 대부분의 사람은 "설교의 황태자", "청교도의 황태자"로 부르며 유명한 설교가였다고 생각할 것이고, 다른 사람들은 침례교인이였다고 말할지도 모르겠습니다. 또 다른 사람들은 19세기에 영국에 살았던 목사라고 기억할 것입니다. 이 모든 말이 사실이지만, 찰스 해돈 스펄전에 관해 훨씬 더 많은 이야기가 있습니다.

스펄전은 1834년 회중교회 가정에서 열일곱 명의 자녀 가운데 맏아들로 태어났으며, 조부와 증조부 모두 독립파 교단의 목사였습니다. 이런 집안 내력은 지금 보기에는 하나도 이상할 것이 없지만, 19세기 중반의 영국에서는 상황이 다릅니다. 그 당시 이런 집안이라는 것은 영국국교회에 반대해 비국

교도에 헌신했다는 것을 의미했습니다. 그리고 스펄전 목사는 그 시절 영국을 사로잡았던 산업혁명의 영향에서 멀리 떨어진 시골에서 자랐습니다.

1850년 1월 6일, 열여섯 살이 되던 해에 스펄전 목사는 콜체스터에 있는 '프리미티브 감리교(Primitive Methodist) 집회'에서 회심했습니다. 설교자는 이사야 45장 22절 "땅의 모든 끝이여 내게로 돌이켜 구원받으라 나는 하나님이라 다른 이가 없느니라"는 본문 말씀을 중심으로 〈나를 바라보라〉라는 제목의 설교를 했습니다. 스펄전은 이 설교에서 깊이 감동하게 되었으며, 구원의 기쁨을 느끼고 회심했습니다.

비록 그의 어머니에게는 슬픈 일이었지만 곧 침례교인이 되어 바로 평신도 설교자로 설교를 시작하게 되었습니다. 그는 1852년 워터비치(Water Beach)에 있는 한 작은 침례교회의 목사가 되었습니다. 그 후에 설교 천재로 여겨지면서 스펄전 목사는 엄청난 수의 청중을 매혹하며 시골을 넘어서 런던에서까지 큰 명성을 얻게 되었습니다. 이런 큰 성공의 결과로 스펄전 목사는 1854년 뉴파크스트리트교회(New Park Street Chapel)에서 설교하도록 초청되었는데, 그때 그의 나이가 불과 열아홉 살밖에 되지 않았습니다.

스펄전 목사가 그 교회에서 첫 설교를 했을 때, 200석 규모의 자리를 다 채울 수 없었지만 일 년 안에 1,200석 자리의 교회가 차고 넘치게 되었습니다. 스펄전 목사는 곧 더 크고 넓은 장소에서 설교를 하기 시작했고, 교회는 더 부흥 성장하여 마침내 런던 중심가의 메트로폴리탄교회는 1861년 6,000석 규모의 예배당을 완공하게 되었습니다. 1892년 57세의 일기로 이 땅에서의 생을 마칠 때까지 그의 명성은 그칠 줄 몰랐습니다.

1856년 스펄전 목사는 수잔나 톰슨(Susannah Thompson)과 결혼하여 곧 슬하에 쌍둥이 아들, 찰스와 토마스를 두었습니다. 두 아들은 후에 아버지의 뒤를 이어 목회자가 되었습니다. 스펄전 목사는 목회자 양성 학교인 패스터스

칼리지(Pastor's College)를 열어 그의 평생에 걸쳐 900명이 넘는 설교자를 양성했습니다. 또한, 그는 불우한 소년 소녀들을 위해 고아원을 건립했으며 고아들을 교육시켰습니다. 그리고 그의 아내 수잔나와 함께 기독교 문서를 편찬하고 배포하는 사역을 성장시켰습니다.

스펄전 목사는 그의 40여 년의 목회 사역 기간 동안 천만 명이 넘는 사람들에게 설교했다고 전해집니다. 그의 설교는 매주 2,500부 이상 발간되어 팔렸고 20여 개의 언어로 번역되었습니다. 그는 135권의 저서를 출간했으며, 완전히 설교와 문서운동으로 복음을 전하는 데 헌신했습니다.

스펄전 목사의 전 생애 동안 영국은 산업혁명 때문에 시골 농경사회에서 도시 산업사회로 탈바꿈하고 있었습니다. 사회 전반의 급격한 변화로 여러 어려움과 공포가 영국 곳곳에 도사리고 있었습니다. 이 엄청난 변화의 소용돌이 가운데 공장 노동자나 가게 점원이 되기 위해 도시로 몰려들었던 사람들이 스펄전 목사의 회중이 되었습니다.

그 자신도 작은 시골에서 나고 자라서 거대하고 불친절한 도시로 이주해 온 터라 보통 사람으로서 보통 사람들의 영적 갈급함을 뼛속 깊이 이해했습니다. 그는 복음을 친숙하게 만드는 화술가였으며 사람들의 마음속 깊숙이 자리 잡은 필요를 지혜롭게 말하여 듣는 사람으로 하여금 그 말씀을 기쁘게 받아들이도록 만들었던 사람이었습니다.

스펄전 목사가 지금과 같은 마이크나 스피커가 없던 시절에 설교를 했던 분임을 잊지 마시길 바랍니다. 다시 말하면, 앰프의 도움 없이 설교를 했던 분입니다. 한 번 설교를 할 때마다 2,000~3,000명이나 되는 청중 앞에서 어떤 기계 장비의 도움도 없이 설교를 했습니다. 그 자신이 강단 위의 증폭기가 되어 설교했습니다.

스펄전 목사는 단순히 서서 딱딱한 설교를 읽는 분이 아니었습니다. 설교의 개요를 만들어 놓고, 설교 주제를 즉흥적으로 그때그때 상황에 맞게 발전시키면서, '보통의 언어로 보통의 사람에게' 전하는 설교를 했습니다. 그의 설교는 이야기와 시, 그리고 드라마와 감동이 있었습니다.

스펄전 목사는 생명력 있게 항상 큰 동작으로 단상 위를 성큼성큼 걸어 다니며 설교했습니다. 그는 감각적 호소를 통해 설교했습니다. 큰 제스처를 사용하면서 이야기를 표현했으며, 유머를 사용했고, 그림 언어를 이용하여 늘 자신의 설교에 큰 활력을 불어넣었습니다. 스펄전 목사에게 설교란 하나님의 진리를 이야기하는 것으로 이를 위해 어떤 은사도 마다하지 않고 사용하곤 했습니다.

스펄전 목사의 설교는 풍성한 기도와 말씀 연구로 가득한 그의 영적 삶에 뿌리를 내리고 있습니다. 그는 신학적, 사회적, 정치적 유행에 현혹되지 않았습니다. 성경이 오직 그의 삶과 설교의 기초였습니다. 그는 성경 본문의 의미를 텍스트 안에서 파악할 뿐 아니라, 회중 각각의 삶과 연관 지어 이해하는 주해 설교자였습니다. 스펄전 목사에게 성경은 살아 있었고, 특별히 성도들의 사회적 지위나 경제적 상황 그리고 살고 있는 시대가 어떠하든지 그들의 삶과 밀접한 연관이 있었습니다.

스펄전 목사는 하나님의 계시를 완전히 받아들였습니다. 하나님의 계시란 예수 그리스도를 통한, 성경을 통한, 그리고 자신의 기도와 말씀 연구를 통한 계시를 말합니다. 그에게 계시란 아직 끝나지 않은 행위입니다. 일단 사람이 받을 준비가 되어 있으면 하나님은 여전히 지금도 그 자신을 계시하고 계십니다. 혹자는 스펄전 목사 자신이 신비로웠고, 또 하나님의 비밀들을 기꺼이 그리고 열정적으로 탐구했다고 말하고 있습니다.

스펄전 목사는 칼빈주의적 청교도 신앙을 가졌으며, "이것은 알고, 이것은 모르지만, 분명한 것은 여전히 신뢰할 것이다"라고 편안히 말하면서, 진리와 함께 거하는 삶을 살았습니다. 스펄전 목사의 '감각적 호소의 설교'는 우리에게 도전이 되며 본받아야 합니다.

2. 감각적 호소의 설교

스펄전 목사는 강단에 서기 위한 공식적인 설교 훈련을 받지 못했습니다. 그러나 그는 생생한 연설이라는 자신의 스타일을 개발했는데, 꾸밈이 없으면서도 날카롭고 강하게 교리적이면서 엄밀하게 경험적인 '감각적 호소의 설교'의 대가였습니다.

설교는 성경을 본문으로 한 일종의 기독교적 연설입니다. 설교자의 설교 내용이 효과적으로 전달되도록 하기 위해서는 전달 기술, 즉 설교 행위가 지적 터치, 감각적·감성적 터치 위에 놓일 때에 효과를 배가시킬 수 있습니다. 따라서 무엇을 이야기할 것인가 하는 설교 내용이 중요한 핵심 사안이지만, 그것 못지않게 중요한 것이 어떻게 이 내용을 감동적으로 전달할 수 있을 것인가 하는 전달 기술과 행위 기법 문제입니다.

왜냐하면, 설교의 목표는 회중을 단순히 지적인 만족에 머물게 하는 것이 아니라 궁극적으로 그들의 삶을 변화시키는 데까지 나아가는 것인데, 이것을 가능하게 하는 것 가운데 하나가 곧 감정적 터치이기 때문입니다. 즉, 설교의 내용을 듣고 웃고, 울고, 감동하는 감정적 터치가 이루어질 때 그것은 회중의 뇌리에 깊이 각인되며 그것이 의지의 변화를 촉진시키는 동력을 제공하기 때문입니다.

따라서 설교자는 설교 내용과 의지의 변화 사이에 중요하게 자리 잡아야 하는 '감동적 수용'을 간과해서는 안 됩니다.

1) 감각적 호소

설교의 전달행위와 관련하여 중요하게 부각하는 것이 '감각적 호소'(Sense Appeal)입니다. 말하자면 설교에서 감각적 호소는 회중의 오감(시각·청각·촉각·미각·후각)을 자극하여 설교 내용의 실감을 극대화하려는 기법으로 회중에게 오감의 터치를 통해 설교의 내용을 경험시키고, 이를 통해 전달의 효과를 높이려는 의도를 갖고 있습니다. 스펄전의 설교는 감각적 호소가 뛰어났습니다.

감각적 호소를 위해 설교자에게 필요한 기본적인 요소는 무엇입니까?

아담스(Jay E. Adams)는 이것과 관련하여 지각(Perception), 상상력(Imagination) 그리고 묘사(Description)를 핵심 요소로 추천합니다.

첫째, 지각은 단순히 어떤 사물을 자세히 관찰한다는 것만을 의미하지 않습니다.

감각의 지각이라는 것은 관찰력과 함께 풍부한 지식을 요구하기 때문에 평소의 꾸준한 연구 태도가 설교자들에게 요구됩니다.

둘째, 종합적 상상은 일차적으로 관찰된 개념을 확대시킴으로 가능하게 됩니다.

이 확대 작업을 통해 우리는 모든 물질적 실체를 궁극적으로 영적 진리들과 연관시키는 데에 이르게 됩니다. 따라서 이 종합적 상상은 데일(R. W. Dale)이 지적하는 것처럼 영상 속에 있는 것을 다듬는 모방과 구분되어야 하며 오히려 이것을 구체화한 것(incarnating)이 되어야 합니다.

셋째, 사실적 묘사는 설교자가 설교를 준비하면서 경험한 것을 회중도 동일하게 경험하게 한다는 데 그 핵심이 있습니다.

이를 위해 요구되는 것은 눈에 보이는 선명한 묘사와 풍부한 어휘력입니다. 특히, 개념적이고 형이상학적인 단어나 표현 대신 단어 자체에 그림이 있는 단어들을 사용하는 것이 바람직합니다. 이상의 세 가지 요소는 적절하게 조화되어야 하며 동시에 각 요소는 철저히 훈련되어야 합니다.

2) 감각적 호소의 종류

(1) 시각적 호소

설교의 전달에서 가장 중요한 것 중 하나가 회중을 설교의 내용 속에 동참하게 하는 것입니다. 즉, 설교자가 설교하는 내용을 들으면서 회중은 그들의 마음에 '마음의 그림'(mind painting)을 그리도록 '언어 그림'을 시도하는 것입니다. 아담스가 주장하는 것처럼 몸이 육신의 눈으로 쉽게 볼 수 있듯이 마음도 영적 눈으로 '언어 그림'을 볼 수 있기 때문에 가능합니다. 설교 역사상 감각적 호소의 기법을 가장 완벽하게 설교에 도입한 인물로 찰스 스펄전을 들수 있습니다.

> 그러나 여기를 보십시오.
> 십자가에 달려 있는 저분을 당신은 보십니까?
> 그분의 가슴 위로 고요히 떨구어진 그분의 고통스런 머리를 바라봅니까?
> 그분의 볼 위로 뚝뚝 떨어져 내리는 핏방울의 원인이 되어 있는
> 저 가시 돋친 면류관을 봅니까?
> 꿰뚫려 갈라진 그분의 두 손과 잔인한 두 못으로 거의 쪼개진,
> 체중을 지탱하고 있는 그분의 신성한 발을 당신은 봅니까?
> 갈보리의 십자가, 예수님의 피 흘리는 손에서 자비가 뚝뚝 떨어집니다.

겟세마네 동산, 구주의 피 흘린 자국에 용서가 맺힙니다.
부르짖음이 들립니다.
나를 앙망하라, 그리하면 구원을 얻으리라.
그곳을 보십시오 ….
당신을 위해 못 박힌 두 손, 당신을 위해 피를 뿜어낸 두 발,
그 품이 당신을 향해 열려 있습니다.
만일 그대가 어떻게 자비를 구해야 할지 모른다면, 자 여기 있습니다.

이런 시각적 호소는 단지 사실적으로 일어난 사건이나 인물에만 해당되는 것이 아니라 어떤 상상적인 가상적 장면들에 대해서도 가능합니다. 이런 시각적 호소는 설교자가 설명하는 사안에 대해 관념적 수용 대신 '경험적' 수용을 가능하게 하며 이렇게 일단 회화적으로 회중 스스로 그려 낸 설교의 내용은 단지 언어 내용에만 의지하는 관념적·개념적 전달보다 훨씬 강력한 상을 회중에게 간직하게 한다는 점에서 긍정적입니다.

특히, 이렇게 제공되는 그림들은 동작에 의한 움직이는 그림이기 때문에 생동감을 가질 뿐 아니라, 그 자체로 분명한 설명을 기도하기 때문에 더욱 극적 효과를 거둘 수 있습니다.

죄인들이여!
당신은 그분이 엘리 엘리 라마 사박다니라고 부르짖는
외마디 소리를 듣습니까?
당신은 그분이 다 이루었다라고 외치는 소리를 듣습니까?
당신은 그분의 머리가 죽음 속에 매달려 숙여져 있는 것을 목격합니까?
창으로 꿰뚫린 부분과 십자가에서 내려진 시체를 봅니까?

오, 그대여 이곳으로 오십시오.

(2) 청각적 호소

설교에서의 청각적 호소란 설교에 등장하는 구체적 인물들의 대화를 표현하는 것뿐 아니라 각양의 소리를 묘사함에 있어 청각적 수용을 극대화시키기 위한 일체의 의성어 사용까지 포괄함을 의미합니다. 스펄전 목사는 간접적인 청각적 터치를 자연 현상이나 일반적인 청각적 현상들을 실감 있게 묘사하는 방식으로 사용했습니다.

> 만일 우리가 그분을 찬양하기를 그친다 해서
> 예수 그리스도의 이름이 잊혀질까요?
> 아닙니다. 돌들이 노래할 것이며 언덕이 관현악단이 될 것이며
> 산들이 양처럼 뛰놀 것입니다.
> 태양이 합창을 지휘할 것이며 달은 그분의 은빛 하프를 연주하면서
> 그 소리에 맞추어 달콤하게 노래할 것입니다.
> 별들은 그들의 율동적인 코스에 따라 춤출 것입니다.

그림을 그리는 작업인 시각적 어필과 마찬가지로 청각적 어필도 자연스럽게 회화적 효과를 동반하면서 거기에 사용된 소재의 실감을 더해 주기 때문에 이 두 가지 기법은 대개 병행해서 사용됩니다. 당신의 손과 발을 묶고 있는 천사가 단숨에 깊은 구덩이로 당신을 데려갑니다. 그는 당신에게 아래로, 아래로 내려다보라고 명령합니다. 밑바닥이 없습니다(여기까지는 시각에의 호소입니다. 이제는 귀가 활동하게 됩니다).

당신은 심연(深淵)에서 올라오는 음산한 신음 소리와 동굴에서 울리는 듯

한 끙끙거리는 소리와 고문당하는 유령들의 찢어지는 듯한 비명 소리를 듣습니다(지금부터는 두 요소가 상호 교차하여 사용됩니다).

> 당신은 떨며, 당신의 뼈는 촛농처럼 녹고,
> 당신의 골수(骨髓)는 당신 속에서 흔들립니다.
> 지금 당신의 힘은 어디에 있습니까?
> 또한, 당신의 자랑과 허세는 어디에 있습니까?
> 당신은 외마디 비명을 지르며 울부짖고 자비를 애걸합니다.
> 그러나 그 천사는 놀라운 한 손아귀에 당신을 재빨리 움켜쥐고
> 가라, 가라고 소리치며 힘껏 아래로 당신을 내던져 버립니다.
> 그러면 당신은 밑바닥의 휴식할 장소를 결코 발견하지 못할
> 저 아래쪽으로, 아래쪽으로, 아래쪽으로 영원히 굴러
> 당신은 내던져 버려지게 됩니다. 내려가게 됩니다.
> 지옥으로 떨어집니다.
> 저주받은 자들이 고통의 불타는 쇠사슬 소리를 쩔렁쩔렁 낼 때 그들은 영원
> 히라고 말하게 될 것입니다.
> 고통 속에서 외치는 그대의 끊임없는 고함소리가
> 하나님의 마음을 움직일 수 없을 것이며,
> 그대의 신음소리와 짠 눈물이 당신을 동정하도록
> 하나님을 움직이지 못할 것입니다.
> 그러나 당신은 먼 곳에서
> 증상과 냉소의 으르릉거리는 소리를 듣습니까?
> 포근히 싸여 있는 북 같은 우리의 심장이
> 무덤을 향한 장송곡에 맞춰 뛰고 있습니다.

(3) 촉각적 호소

촉감이란 것은 접촉하여 뜨겁거나 찬 온도에 의해 견고하거나 부드러운 혹은 습하거나 건조한 밀도에 의해 거칠거나 고른 피류의 바탕에 의해 혹은 고통과 같은 감각 등에 의해 활동됩니다. 촉각적 호소라는 것은 이런 촉감을 회중이 느끼도록 묘사하는 기법입니다. 이것은 앞의 시각적, 청각적 호소와 비교해 볼 때 상대적으로 그리 자주 사용되지 않는 기법이지만 설교 내용을 현재화시키고 '실감나는 전달'을 위해서는 적극적으로 설교에 도입되어야 합니다.

스펄전 목사는 그의 설교에서 촉각적인 호소를 적절하게 사용했습니다. 특히, 그는 회중이 촉감을 느낄 수 있도록 '터치'에 많은 주의를 기울였습니다.

> 마음은 매우 미끄럽습니다!
> 그렇습니다.
> 마음은 모든 복음의 낚시꾼들이 잡기에 괴로움을 주는 고기입니다.
> 뱀장어처럼 미끈둥거려 당신의 손가락 사이를 미끄러져 나갑니다.

특별히 촉각적 호소는 인간의 고통 문제나 환희 등을 표현할 때 매우 유용하게 사용할 수 있는 기법입니다. 설교의 내용과 촉감적 터치를 연결지어 설명하면 더욱 효과적인 전달이 가능합니다.

> 당신의 손가락을 내미십시오.
> 사랑하는 여러분!
> 당신의 손가락을 내미십시오.
> 당신의 손가락을 내미십시오.

당신이 믿음의 기도나 혹은 소망으로
주님과 접촉할 때까지 가 버리지 마십시오.

(4) 미각적 호소

미각적 호소란 혀로 느낄 수 있는 감촉과 관련된 것으로 짜고, 쓰고, 맵고, 시고, 단 혀의 촉감을 설교에 도입하는 기법입니다. 설교의 내용에 따라 모든 미각적 현상들을 다 취급할 수 있지만 특히 선과 악으로 대별되는 메시지가 주류를 이루는 설교에서는 주로 쓰고 단 두 가지 미각이 주로 사용됩니다.

스펄전 목사의 설교에서는 주로 유쾌한 것과 불쾌한 것의 두 가지 범주로 미각적 호소가 사용되고 있습니다. 특히, 〈꿀로 가득 찬 두 손〉(Hands Full of Honey)이라는 설교는 미각적 호소가 가장 극명하게 나타난 대표적 설교라 할 수 있습니다.

> 시들지 않는 것은 기쁨입니다.
> 당신은 해마다 그것을 입 속에 간직할 수 있습니다.
> 그렇지 않다 할지라도 그것은 결코 싫증나게 하지 않습니다.
> 세상의 남자들은 술에 곧 진저리가 나고
> 그리스도인들은 즐거움을 갖고 있는데,
> 그것은 꿀과 같고 꿀벌 집과 같습니다.
> 양손에 꿀을 가지고 잔치를 계속하면서
> 그는 주위에 둘러서 있는 모든 사람에게
> 하늘의 즐거움을 보이면서 말합니다.
> 오, 맛을 보고 주의 선하심을 알라.
> 그분을 믿는 자는 복되도다.

(5) 후각적 호소

후각이란 냄새를 통해 느껴지는 느낌을 말하는 것으로 이 후각적 느낌을 설교에 도입하려는 시도가 곧 후각적 어필입니다. 일차적으로 후각적 어필에서는 그것이 어떤 냄새이든 설교에서 그 냄새가 회중에게 느껴지도록 묘사하는 것을 말합니다. 후각적 호소는 이차적 사용이 가능한데 설교자가 의도적으로 설교의 메시지를 좋고 나쁜 냄새라는 도식으로 나타내는 것이 그것입니다.

가령 복음을 아름다운 장미 향기로 묘사한다든지 죄의 부패성을 코를 찌르는 시체 썩은 냄새로 묘사한다든지 어떤 경우이든 비유적으로 끌어들인 후각적 소재가 생생하게 회중에게 전달되어야 합니다. 스펄전 목사는 특히 이 이차적 방식을 그의 설교에 적극적으로 도입하여 복음에 대한 설명을 시도했습니다.

그 지하 납골당에는 죽음의 안개로 덮인 습기나
마땅히 있어야 할 부패한 공기도 없습니다.
일반적인 무덤 속에는 부패하는 유독한 냄새가 있습니다.
그러나 그리스도의 무덤 속에는 어떤 냄새도 없습니다.
오히려 향기가 있을 따름입니다.
한 어린이가 회심할 때 나는 한 가족이 회심할 거란 희망을 갖습니다.
은혜는 값진 연고(軟膏)와 같기 때문입니다.
그것은 향기를 사방에 뿌립니다.
향기로운 향로 상자 하나가 방안에 놓이면
그 향기는 곧 온 방을 채웁니다.
그리고는 조용히 윗층으로 올라가 윗방으로 들어갑니다.
온 집으로 채우기까지 그 일을 쉬지 않습니다.

스펄전 목사는 영혼들을 구원하고자 하는 강렬한 소망이 있다면 그 목적을 이룰 만한 진리들을 전해야 함은 물론, 영혼들을 구원으로 인도하는 데 도움이 될 만한 방식을 사용하여 그 진리들을 다루어야 함을 알았습니다. 설교자는 모든 사람에게 모든 것이 되어야 합니다(we are to be all things to all men). 그러므로 논리를 따지는 사람들에게는 논리를 제시하고, 명확한 귀납적 사실들과 필수적인 연역적 사실들을 제시해야 한다고 말했습니다.

그러나 스펄전 목사는 "논리적 증명을 요하는 부류의 사람들보다는 감정적 설득의 방법으로 호소할 필요가 있는 사람들의 숫자가 훨씬 많다. 이들에게는 이성적 추론이 아니라 마음의 논리가 더욱 필요하다"라고 지적했습니다. 스펄전 목사는 마음의 논리를 다음과 같은 예를 들어 설명합니다.

> 다시는 속을 썩이지 말라고 아들을 타이르는 어머니의 논리나 아니면 집으로 돌아와 아버지와 화해하라고 오빠를 설득하는 누이동생의 논리와 같은 것이 필요합니다. 곧 분명한 논리에 뜨거운 사랑이 생생하게 담겨 있어야 합니다.

스펄전 목사의 설교는 청교도적 특징을 많이 갖고 있었습니다. 청교도 설교는 진리에 대한 합리적 이해를 추구하면서, 그에 못지않게 가슴과 의지를 중요하게 여겼습니다. 그는 청중들의 전인격에 호소했습니다. 리차드 백스터(Richard Baxter)는 말합니다.

인간은 깊은 감동과 영향을 받지 않고서는 그 진리에 따라 살려고 하지 않는다 …. 진리에 대한 이해는 반드시 의지에 영향을 주어야 한다. 그 진리가 열정적으로 듣는 이의 가슴을 향해 파고들 때 듣는 이의 가슴을 뜨겁게 하며 그렇게 살도록 결단하게 만든다.

스펄전 목사는 마음을 설교자의 소명의 중요한 도구(the instrument)로 보았습니다. 그는 이렇게 확신했습니다.

우리의 일은 그저 정신적 일만이 아니다. 그것은 마음의 일이요, 우리의 가장 은밀한 영혼의 수고이다(Ours is more than mental work, it is heart work, the labour of our inmost soul).

설교는 단지 정신의 일만은 아닙니다. 이 마음의 원리는 스펄전 목사의 설교에 강하게 배어 있습니다. 스펄전 목사는 말합니다.

나는 우리의 마음 깊은 곳에서 솟아나는 설교를 좋아합니다. 우리의 마음에서 나온 설교가 아니라면 청중들의 마음에 닿을 수 없기 때문입니다.

아담스가 말한 대로 스펄전 목사는 그의 설교에서 감각적 호소, 즉 오감을 통해 청중들의 감동을 이끌어 내는 설교를 했습니다. 스펄전 목사는 분명한 칼빈주의적 신학과 교리를 가지고 있었지만, 그의 설교는 메마르고 쥐어짜는 설교가 아니었습니다. 스펄전 목사는 깊은 묵상과 고민 없이 교리의 구조에만 맞추어 설교하거나 말씀의 의미만을 잘 정리하여 설교하는 행위를 비판했습니다.

스펄전 목사는 또한 설교가 너무 고상한 문화나 심오한 학식이나 언변적으로 나아가는 것을 경계했습니다. 하지만 그는 설교에서 신학이나 교리의 가치를 무시한 것은 아닙니다. 단지 신학이나 교리가 성령님의 사역을 자칫 제한할 수 있는 것을 주의해야 한다고 했습니다.

스펄전 목사 당시의 설교자들은 회중의 상황과 필요를 고려하지 않고, 오히려 회중의 삶과 무관한 메마르고 지루한 산문체의 설교를 하고 있었습니다. 많은 설교자가 고전 문학에서 화려한 문구를 인용함으로써 그들의 학문적 실력을 과시하는 경향이 있었습니다.

반면에 스펄전 목사는 모든 사람이 이해할 수 있는 평이하고도 쉬운 구어체를 사용했으며, 회중의 삶과 연관되어 적용할 수 있는 설교를 했습니다. 그의 설교는 은유, 직유, 이야기, 유추와 이미지로 가득 찬 신선하고도 회중의 마음에 깊이 새겨지며 감동을 주는 설교였으며 풍성한 상상력을 불러일으키는 설교였습니다.

아담스는 『스펄전의 설교에 나타난 센스 어필』(Sense Appeal in the Sermons of Charles Haddon Spurgeon)이란 책에서 스펄전 목사가 이야기, 유추, 상상을 어떻게 효과적으로 설교에서 사용했는지 다음과 같이 보여 주고 있습니다.

> 당신은 십자가 위에 못 박힌 주님을 상상 속에서 주시합니까?
> 그분의 손과 발에서 흐르는 보혈을 보십니까?
> 당신은 그분을 보고 있습니까?
> 그분을 바라보십시오.
> 만일 우리가 그분을 찬양하기를 그친다고 해서
> 예수 그리스도의 이름이 잊혀질까요?
> 아닙니다.

돌들이 노래할 것이며 언덕이 관현악단이 될 것이며
산들이 양처럼 뛰놀 것입니다.

스펄전 목사는 그의 설교를 듣는 회중이 능동적으로 참여할 수 있도록 이끄는 설교자였다고 할 수 있습니다. 스펄전 목사의 설교가 사람들에게 감동을 주고 변화를 이끌어 낼 수 있었던 것은 그가 풍성하고 다양한 상상, 유추, 비유, 이야기 등을 통해 청중들과 호흡하는 설교를 했을 뿐만 아니라, 더 중요하게는 그가 청중의 정신에만 호소한 것이 아니라 청중의 마음에 호소했기 때문입니다.

이 설교집에 있는 스펄전 목사의 『찰스 해돈 스펄전의 시련과 인내 메시지』 (*Spurgeon on Resting in the Promises of God*)는 감각적 호소를 충분히 반영하고 있습니다. 독자들이 주의 깊게 읽고 느껴 보시기 바랍니다. 물론, 본서에 나오는 각각의 설교는 스펄전 목사가 자신의 목회 사역 중 각기 다른 시기에 설교한 것으로 각각의 독특한 특징이 있습니다. 이 설교들은 시리즈가 아니며, 순차적으로 의도되어 만들어진 것도 아니고 하나로 묶을 수 있을 정도로 조화를 이룬다거나 편집된 것도 아닙니다.

대신에 『찰스 해돈 스펄전의 시련과 인내 메시지』는 설교자인 스펄전을 그대로 반영하고 있습니다. 놀라운 설교가인 스펄전 목사가 독자로 하여금 특정한 이야기, 특정한 사건, 즉 하나님의 특별한 계시를 자신과 함께 경험하도록 인도하고 있습니다. 본서를 통해 독자들은 스펄전 목사가 전하는 하나님의 메시지를 들을 수 있을 것입니다.

이 설교집 『찰스 해돈 스펄전의 시련과 인내 메시지』를 읽으면서 주님의 목소리를 '들을 수' 있기를 간절히 바랍니다. 약속하시고 그 약속을 이루어 가시는 하나님을 만나시기를 바랍니다. 이 귀한 말씀들을 읽는다는 것은 단순히 책 읽듯이 읽는 것이 아니라 듣는 것을 말합니다. 주의 깊게 듣는다면 무수한 세월이 지났지만 하나님의 영원한 진리 말씀의 메아리인 이 설교가 놀랍도록 아름다운 운율이 되어 독자들의 귀에 들릴 것입니다.

『찰스 해돈 스펄전의 시련과 인내 메시지』를 읽는 독자들은 무엇보다도 시대를 초월하여 우리와 연합하고자 하시는 창조주의 초대를 깨닫고 반응하고자 했던 스펄전 목사의 열정, 그의 헌신 그리고 그의 언어로 풀이된 메시지를 느낄 수 있을 것입니다. 부디 『찰스 해돈 스펄전의 시련과 인내 메시지』를 벅찬 감격으로 받아들이시기 바랍니다.